Hannelore Besser | Ruth Lisa Knapp

Immer noch Corona

Notizen aus Schweden und Berlin

Hannelore Besser

Ruth Lisa Knapp

Immer noch Corona

Notizen aus Schweden und Berlin

Bibliografische Information der Deutschen Nationalbibliothek:

Die Deutsche Nationalbibliothek verzeichnet diese
Publikation in der Deutschen Nationalbibliografie;
detaillierte bibliografische Daten sind im Internet über
http://dnb.dnb.de abrufbar.

Herstellung und Verlag: BoD – Books on Demand,
Norderstedt

ISBN: 978-3-753479293

Intro

Diese Notizen sind zwischen Juni und September 2020 entstanden und wurden später durch einige Abschnitte aus dem Winter und Frühjahr 2021 ergänzt. Während dieser Zeit pandemischer Irrungen und Wirrungen haben zwei allein lebende Freundinnen aufgeschrieben, was sie gerade beschäftigt, und sich ihre Texte abwechselnd zugeschickt.

Darin bringen sie zum Ausdruck, was sie umtreibt, wütend oder traurig macht und manchmal auch, was sie freut. Sie nehmen kritisch wahr und reflektieren, was um sie herum geschieht und was das in ihnen auslöst.

Hannelore, die sich im Text Ana nennt, war die meiste Zeit in Rök im schwedischen Värmland, Lisa hat die Monate zuhause in Berlin verbracht. Die letzten beiden Kapitel sind während der „dritten Welle" Ende März 2021 entstanden.

Wie es danach weitergegangen ist, wissen beide nicht, das wissen nun die Leser.

Corona-Wortschatz

Einige Beispiele aus dem coronatypischen Wortschatz, den Lisa zwischen März 2020 und März 2021 gesammelt hat, sind auf den folgenden Seiten zu finden. Viele Begriffe wurden neu gebildet, andere aus dem Englischen übernommen, wieder andere traten aus ihrem Schattendasein in der Wissenschaftssprache hervor und gingen in die Alltagssprache ein, und auch das Behördendeutsch gelangte im Zuge zahlloser neuer Regeln und Verbote zu neuer Blüte.

Plötzlich kursierten Wörter wie AHA+L-Regel, Verweilverbotszone, FFP2-Maske, Super-Spreader-Event, Maskenmuffel. Manche sind originell, andere skurril, viele klingen so bedrohlich wie die Szenarien, in denen wir seit über einem Jahr leben.

Das Leibniz-Institut für deutsche Sprache führt im Rahmen seines Neologismen-Wörterbuchs eine ständig erweiterte Liste der pandemietypischen Begriffe, online unter: owid.de/docs/neo/listen/corona.jsp#.

Coronasommer 2020

1 - Rök

Auf der Terrassentreppe putzt sich eine junge Bachstelze sorgfältig die Schleimreste aus den Federn. Das Thermometer zeigt schon früh am Morgen über dreißig Grad Celsius, die jungen Schwalben sirren mit ihren Flugübungen über die Wiese. Auf der zum Glück noch vorhandenen Freilandleitung lassen sich ein paar weitere füttern, die Margeriten strahlen mit gelbem Auge aus den reinweißen Blütenblättern. Ana geht mit einer Tasse heißen Tees über die taufeuchte Wiese und schaut, wo der Dachs in dieser Nacht seinen Rüssel in die Erde gesteckt hat, nach Regenwürmern, Engerlingen und Larven schnüffelnd. Im letzten Jahr hat er – oder sie – bei großer Trockenheit Teile der Wiese großflächig umgegraben. Was nachgewachsen ist, ist kein Gras, sondern ein harter Bewuchs aus verschiedenen Wildkräutern, Pflanzen, wie sie auf Schuttplätzen wachsen. Sie sollten nicht hier sein, Ana lässt sie stehen.

Wir – wer ist wir? Das ist zurzeit die gesamte Menschheit überall auf der Welt – wir leben im Corona-Modus. Seit die Fernsehbilder aus dem chinesischen Wuhan Ende Januar über die Bildschirme zogen und danach verstörende Bilder von verzweifelten Ärzten und Krankenschwestern in Italien, leben wir in einer Art Wachtraum. Die Wirtschaft in Europa kam erst einmal zum Erliegen, vor allem, weil die Lieferketten aus China nicht mehr funktionierten, aber auch wegen der Maßnahmen, die ergriffen wurden, um die Ausbreitung des Virus zu verhindern.

Merkwürdige Wörter spülten ins Bewusstsein, Anas Freundin Lisa hat eine Liste erstellt, die immer länger wird: Lockdown, Shutdown, Maskenpflicht, Immunitätsausweis … Seit dem Ausbruch sind weltweit Gedichte, Blogs, Video-Clips, Karikaturen und viele weitere Arten der Darstellung erschienen, der netteste Spruch vielleicht der: „Lieber Gott, kannst du das Jahr 2020 bitte neu programmieren, es hat einen Virus."

Ana sollte nicht hier sein. Zwar war geplant, dass sie im Mai im schwedischen Häuschen ist, schon weil dann das Gras so schnell wächst und auch, weil die Freunde aus Oslo zu Pfingsten kommen wollten, auch einen Teil des Juni bis zum Mittsommerfest wollte sie bleiben. Danach stand Berlin auf der Agenda und vor allem im Juli und August ihr Einsatz als Lehrerin in verschiedenen Deutschkursen. Alles abgesagt. Grund: Das Virus!

Sie weiß nicht: Ist sie noch kollektiv verunsichert oder schon wunschlos glücklich? Das Erstaunlichste vielleicht: Den verordneten (Fast-)Stillstand ab Mitte März akzeptierten die meisten, die wenigen anderen ermahnte man und drohte mit Bußgeld, das half. Aber für die Zeit danach rechneten alle mit einer Normalisierung, auch oder vor allem wegen des Sommerurlaubs. Sicher hatte man sich einige Gedanken darüber gemacht, dass diese „schönste Zeit im Jahr" ausfallen könnte, Flüge storniert und Traumreisen abgesagt, zumal die Kreuzfahrtschiffe festlagen, aber innerhalb Europas sollte es doch bitte mit Stau und Malle weitergehen wie bisher. Die Chance, sich mit unseren Ansprüchen kritisch auseinanderzusetzen, ist ausgeträumt, wir wollen weiter mit dem Billigflieger mal für ein paar Tage irgendwohin verschwinden.

Ana ist sicher in ihrem kleinen Paradies mit den Wildkräutern, der Vogelbrut, dem nahen See. Und auch das Alleinsein ist in Ordnung. Das hatte sie sich ja gewünscht.

Und jetzt nur noch Tröstliches, Frau Ana!

Aber ja, gerne. Ich lese das Interview mit Wolf Biermann in der ZEIT vom 28. Mai, darin geht es um „Leben vor dem Tod" – vor dem man uns bewahren will. Und René Schlott kritisiert den Eingriff in das Grundgesetz und das Wegsperren der Älteren als Risiko-Patienten, als könnten die das nicht selbst entscheiden. Ihr Leben lang hatte Ana Risiken gegen Erlebnisse abgewogen – jetzt will der Staat es ihr abnehmen? Welcher Schwachsinn steht dahinter? An Juli Zeh wollte sie schreiben:

„Liebe Frau Zeh! Danke für Ihr Engagement in Sachen Demokratie und Gesundheitsdiktatur. Schon lange war mir der Gedanke gekommen, dass man die älteren Menschen als Risikogruppe deshalb schützen will, weil sie die Maschine-

rie dieser Krankheitsindustrie so wirkungsvoll in Gang halten. Mit freundlichen Grüßen"

Sie ließ es sein. Sie war keine Märtyrerin wie die Protagonistin im Roman der Zeh, Mia Holl. Sie kämpfte nur mit sich selbst in diesem schwedischen Paradies und mit dem Gefühl der Sinnlosigkeit, das uns ein übertriebener Ich-Anspruch gebracht hat. Dieser Individualismus dient allein den Kapitalisten, die sich ihre Eier auf unserer Gier nach Mehr-von-Allem backen. Rückzug war schon längst die Alternative, aber es gab zu wenige, die es umsetzten.

Ich bin Lisa. Ana hat angeregt, dass wir diesen Sommer über abwechselnd weiterschreiben, sie von Rök in Schweden aus, ich von Berlin. Das tue ich gern. Jetzt, nach vier Monaten der Erstarrung und Ermattung sollte es möglich sein, einen Blick zurück zu werfen. Ich schaue nach, wann das Wort Corona in meinem Tagebuch zum ersten Mal vorkam. „Alles dreht sich um das neue Corona-Virus" habe ich am 27. Februar notiert. Und weiter: „Grenzt an Hysterie. Thema Hanau schon wieder abgeflaut. Zwei Schießereien in den USA. Weiter Krieg um Idlib, die Flüchtlingskatastrophe an der türkisch-griechischen Grenze." Damals war ich mit ganz anderen Dingen befasst, einer lästigen Zahnbehandlung, einer schlimmen Erkältung, an den neuen Virus dachte ich dabei nicht.

Erst am 10. März taucht die „Corona-Krise" wieder auf – dann die Maßnahmen und es geht Schlag auf Schlag: 13.03. Theater, Museen, Bibliotheken zu, Kitas und Schulen werden geschlossen. Es wird eng. Ab 14.03. ist quasi alles zu, auch Kinos, Kneipen, sogar die Kirchen. Es wird noch enger: Die Spielplätze werden mit rot-weißem Flatterband abgesperrt und sehen aus wie Tatorte, die meisten Geschäfte sind geschlossen, die Straßen leer, die Grundrechte ausgesetzt. Auf ungläubiges Staunen folgt Wut, ich spüre wachsenden Widerstand in mir, werde zum Nachrichten-Junkie, suche nach Gleichgesinnten, finde Gleichschaltung vor, Hofberichterstattung, Angstmacherei. Die wirkt, und wie! Wirkt auch nach den „Lockerungen" weiter, die nach und nach kamen. Nur Bildung und Kultur bleiben weiter stillgelegt, da nicht „systemrelevant". Außerdem können die Lockerungen jederzeit wieder zurückgenommen werden. Damit hatte Mutti Merkel im März ja gedroht: Wenn die Kinder im Stubenarrest nicht schön brav und folgsam sind, kommen sie in ein noch kleineres Zimmer und nur einmal täglich wird ihnen Wasser und Brot durch den Türspalt geschoben. Also kuschen sie. Gehorsam wäre ein Thema, das näher zu betrachten ist. Und Sterben/Tod natürlich, davon später.

Jetzt im Rückblick fließen diese vier Monate ineinander zu einem faden grauen Brei. Dem entspricht der Maulkorbzwang, zwei Drittel des Gesichts durch Stofflappen oder schnauzenartige Masken bedeckt, die das Atmen erschweren. Kürzlich gab es einen kleinen Aufruhr in der teilweise wieder zugänglichen Bibliothek, als kurz vor Ende der verkürzten Öffnungzeit ein alter Mann ohne Maske gedrängt wurde, die Räumlichkeit zu verlassen, und zu schreien anfing. Dass er selbst über sich bestimmen könne, nein, er habe keine Maske, nein, er gehe nicht, wie bei den Nazis sei das hier. Das Personal scharte sich um ihn, versuchte wohl zu deeskalieren, ich habe nicht mitbekommen, wie es ausging. Es war einer dieser kleinen Ausbrüche angestauter Wut, die man nun öfter erlebt. Und auch ich habe einmal einem fetten Jugendlichen, der sich im Bus neben mich setzte, maskenlos mit Kumpels schwadronierend und gestikulierend, spontan einen Stoß gegen die Schulter versetzt. Denn jeder Mitmensch ist ja jetzt ein potenzieller Infizierter. Bei so wenig Fällen insgesamt – das ist irrational.

Die Pandemie hat alle Wunden der neoliberalen Gesellschaften offengelegt. Das ist zunächst mal gut. Die Optimisten meinen, es könne vieles umkrempeln, einen grünen Neustart bewirken. Ich sehe, dass man zwar die eine oder andere Wunde anschaut, dann aber gleich wieder wegschaut, sie bestenfalls oberflächlich versorgt, ein wenig zudeckt durch „Rettungspakete", sprich Milliarden, die „Kollateralschäden" kompensieren sollen, damit es danach – wann? – weitergehen kann wie zuvor. Wir werden sehen.

Als es begann...

Wuhan

Fischmarkt

Fledermaus

Mysteriöse Lungenkrankheit

Neuartiger Coronavirus

Sars-CoV-2

Covid-19

Virusepidemie

Corona-Pandemie

Abstand

Händewaschen

Hygiene

Ischgl

Heinsberg

Bergamo

Immer häufiger wird Ana schon um drei Uhr wach. Im Juni geht die Sonne um vier Uhr auf, ihre Strahlen kriechen um fünf über das Schuppendach und die Wärme flutet ins Haus. Die Vögel sind in dieser Zeit nie ganz still, bei Sonnenaufgang wird ihr Gezwitscher laut. Ana macht sich den ersten Tee des Tages und denkt wieder an den Anfang der Pandemie.

Auch im Februar war sie in Rök, die Rückkehr nach Berlin Anfang März war nur für kurze Zeit geplant gewesen. Vor einem Treffen mit dem Freund in Kopenhagen schrieb der: „Ob ich im Zug nach Dänemark stecken bleibe?" Ironie, unernst, verblüfft. Das war noch komisch. Ein paar Tage später erfolgten die einschneidenden, ins Private greifenden Maßnahmen, der Ausnahmezustand wurde beschlossen und verkündet, die Regierung gab die Verantwortung an einen Virologen ab, der ausgemergelt und wissenschaftlich argumentierend jeden Tag vor die Kamera trat. Na schön, dachte Ana, was soll's, ich wohne sowieso allein, und mit einer Person sich zu treffen, wird wohl nicht verboten sein. Spazierengehen sollte man auch, das stärke das Immunsystem. Hinsetzen im Park war nicht gestattet, aber wenn sie einen Gang machte, setzte sie sich sowieso nicht hin.

Verstörend war der Anruf einer jüngeren Freundin: „Ich kann für dich einkaufen gehen." Ana lachte, obwohl es ihr schon dämmerte, dass das nicht ironisch gemeint war. Und dann hatte sich ein Gefühlscocktail aus Ohnmacht, Wut, Scham, Beleidigtsein,

Trotz und Traurigkeit in ihr breit gemacht. „Aber an irgendetwas muss ich doch sterben!“, hatte sie der Anruferin gesagt und auch das war nicht ironisch gemeint, denn mit ihren fast achtzig Jahren, fand Ana, habe sie doch genug gelebt, könne und müsse wohl selbst entscheiden, welche Risiken sie in Kauf zu nehmen bereit war.

Die Eingriffe in die Jahresplanungen betrafen das ganze Land: Kindergärten und Schulen geschlossen, Veranstaltungen abgesagt – sogar das Oktoberfest, Kongresse oder Meetings fanden nur noch virtuell statt, bei Verstößen gegen die zum Schutze der Bevölkerung erlassenen Bestimmungen fielen Bußgelder an. Um nicht straffällig zu werden und in der täglichen Nachrichtenflut unterzugehen, hatte sie sich früher als geplant wieder in die schwedischen Wälder verzogen. Auf dem Weg nach Norden hörte sie den schwedischen Ministerpräsidenten: „Wir halten viel von der persönlichen Verantwortung unserer Bürger. Ein Eingriff in ihr privates Leben durch eine allgemeine Quarantäne wie in anderen Ländern muss sehr sorgfältig auch unter sozialen Gesichtspunkten bedacht werden.“ Wie beruhigend, hatte Ana gedacht und sich auf der sicheren Seite gefühlt.

Zehn Tage lang hörte sie jeden Morgen Wolfgang Tischer zu, der „Die Pest“ von Camus vorlas. Danach vom gleichen Sprecher „Hyperion“ von Hölderlin und dann war „Walden“ von Thoreau an der Reihe. Das wäre alles gut gewesen, wären da nicht auch noch die ständig durchgegebenen Zahlen der Infizierten. Und als reiche das nicht, die Zahl der Menschen auf den Intensivstationen und die Todeszahlen. Und die waren in Schweden besonders hoch. Da zeigte man mit dem Finger auf den schwedischen Sonderweg. Ana fühlte sich sicher in ihrem Niemandswald. Schmerzhaft war die Zurückhaltung des Nachbarn: „Wir sind in Quarantäne. Noch ein paar Wochen. Meine Tochter ist sehr besorgt." Bedauerlich. Unverständlich. Auch nach vierzehn Tagen keine Näherung, auch nicht mit Abstand. Sie fügte sich. Was hätte sie auch machen sollen? Ab und zu ging sie auf den Berg und schrie ihren Unmut über die Absurdität der politischen Willkür in die Bäume, manch eine Taube flog erschreckt auf.

Alles ist sinnlos, absurd, ziellos.

Die Menschen sehnen sich nach Führung. Sie sind einverstanden mit den Einschränkungen der Bewegungsfreiheit, der Versammlungsfreiheit – man sieht, wie schnell ein Polizeistaat eingerichtet werden kann. Das Dritte Reich und sein Ende? Schon vergessen die Denunzierungen? Die DDR, ein Rechtsstaat mit Überwachung, schon vergessen?

Der April wartete mit einer Reihe sehr warmer und sonniger Tage auf. Die Vögel kamen aus dem Süden zurück, Buchfinken und Meisen – eben noch gefüttert – zogen sich zum Brüten in den Wald zurück. Im Mai kamen wie immer die Schwalben, die Wiese musste gemäht werden. Die Natur ließ sich durch das Virus nicht beirren. Ana fühlte sich einsam, telefonierte, manchmal mit Bild, arbeitete an ihren

Texten, schüttelte immer wieder ungläubig den Kopf über die Zahlen und Unsicherheiten. Wiederholungen waren unvermeidlich. Aus Milliarden von Kehlen stieg das Wort „Corona" auf in die Atmosphäre. Die Luft war erfüllt von Buchstabenschlangen des Wortes, sie kamen aus allen Ländern, allen Medien, schwebten und ballten sich, bildeten Knoten, lösten sich auf und zogen ihre Spur um den Erdball.

Als die Quarantäne-Verordnung aufgehoben wurde, fuhr Ana mit dem Auto für ein paar Tage in die deutsche Hauptstadt. Schon auf dem Weg von Rostock nach Berlin wirkte alles wie früher, bewegten sich die Autos in einem langen Stop-and-Go gen Ostsee. Sie machte einen Ausflug mit dem Freund in ein gespenstisches Wittenberg und eine Tour mit Lisa in den Spreewald, in dem fast alles völlig normal touristisch wirkte. Nach einigen Besuchen und Gesprächen mit dem gebotenen Abstand und dem Einkaufen mit Maske – dem Maulkorb, wie man spöttelte – war sie schon wieder auf dem Weg nach Norden. Das Häuschen liegt weit von Berlin entfernt. Schade, sie hätte gern mehr Besuch bekommen. Gut, denn so hatte sie endlich die Muße, den Tag so einzuteilen, wie es ihr genehm war. Freunde waren für ein paar Tage zu Gast. Neue Reflexionen und Vermutungen bestimmten die Gespräche, man konnte den Interpretationen nicht entgehen. Die Infektionszahlen in Schweden waren hoch, zu hoch, in Deutschland musste man wieder in die Quarantäne, wenn man von dort kam. Und Norwegen? Ana seufzte. Norwegen ging ebenfalls einen Sonderweg. Nur in der entgegengesetzten Richtung.

Trotz allem begann Ana, die Ruhe und den selbstverständlichen Fortgang des Lebens zu genießen. Sie schwamm im seidenen Wasser des Sees, paddelte mit dem Kanu um die Inseln, lebte eine Art Robinsonade und wünschte sich einen Freitag dazu.

Angstmache

Italienische Verhältnisse

Übersterblichkeit

Kontrollverlust

Kühllastwagen

Massengräber

Flächenbrand

Todeskurve

Brandherd

Totenstau

Glutherd

Blutzoll

Unheil

Triage

Front

Krieg

Tod

Ja, da war zuerst Desinteresse – Wuhan, wo liegt das denn? Ach so, in China. Und Heinsberg? So ein Kaff irgendwo am westlichen Rand –, dann Kopfschütteln – Was regen die sich denn jetzt so auf? –, dann die Schockstarre nach Verkündung der Maßnahmen – Das kann doch nicht wahr sein, das hat es doch noch nie gegeben! Und doch war das alles plötzlich real. Die Einschränkungen, so wurde behauptet, dienten dazu, vor der neuen Krankheit zu schützen, die jetzt auch einen Namen hatte, Covid-19. Schützen im Sinne von Leben retten. Nur darum gehe es: Leben zu retten. In mir wurden die Zweifel virulent, denn das hörte sich, tausendfach verkündet, wie Heuchelei an, wie Lüge. Wenn es darum ginge, hätte man ja längst damit anfangen können, vor Corona: Man hätte keine Waffen produziert und exportiert, keine Flüchtlinge im Meer ertrinken lassen…

Händewaschen und Abstand halten, das geht ja, kann man machen, aber Kitas, Schulen, Kultureinrichtungen, Geschäfte, Grenzen schließen und Grundrechte aussetzen auf unbestimmte Zeit, das geht gar nicht! Empörtes Kopfschütteln, hilflose Wut, die sich schon weniger auf die Maßnahmen selbst richtete, sondern zunehmend auf die Tatsache, dass diese offenbar von niemandem angezweifelt oder gar abgelehnt wurden. Es gab keine Opposition mehr, alle Macht der Exekutive, wie in Kriegszeiten – und keiner sagt nein?

Dass es wirklich ernst war, merkte ich an einem der ersten Lockdown-Tage, als ich bei meinem Spaziergang am Kanal entlang einen befreundeten Nachbarn traf und froh, endlich ein reales Gegenüber zu haben, wenn auch mit 1,50 Meter Abstand, sogleich meine Empörung über die Grundrechtseinschränkungen zum Ausdruck brachte. „Grundrechte?", erwiderte er, „die sind mir doch egal! Was nützt mir meine Freiheit, wenn ich tot bin. Ich will nicht sterben!" Das war wie eine Ohrfeige. Ein ansonsten vernünftiger Mensch hatte voll angebissen. Dass die allumfassende Panik-Kampagne der Medien rundum erfolgreich war, merkte ich auch an den Reaktionen von anderen Bekannten. Skeptiker finden keine Gnade, vielen gefällt es, bevormundet zu werden, anderen gefällt es zu bevormunden.

Verstärkt wurde die gleichgeschaltete Hofberichterstattung aus der Wirrologen-Republik durch entsprechend düstere Bilder: italienische Militärlaster, angeblich voller Leichen, trostlose Massengräber-Felder in Erwartung der vielen Coronatoten, verpixelte Videos von an Beatmungsgeräte angeschlossenen Erkrankten auf Intensivstationen. Das Grauen rückte näher, Tote allüberall. Das rührte an das Tabu, mit dem Sterben und Tod in unseren Gesellschaften belegt sind und das plötzlich gebrochen wurde. Zu welchem Zweck?

Nein, ich glaube nicht an die große Verschwörung, dass dieser Virus als eine abgekartete Sache von den Herrschenden in die Welt gesetzt wurde, um ihre

Herrschaft auszubauen und Aufständen zuvorzukommen. Aber mir kommt es so vor, als hätten sie die Gelegenheit gerne genutzt, um etwas auszuprobieren, was ihnen bei späteren Anlässen von Nutzen sein könnte: Wie weit können wir gehen, wie lange spielen die Menschen da mit? Weit kann man gehen, lange spielen sie mit, wie man sieht. Das verunsichert mich mehr als das Virusgeschehen, es macht auch traurig, dass hart erkämpfte Bürgerrechte über den Haufen geworfen werden wie nutzloses Zeug. Natürlich will auch ich jetzt nicht sterben, aber bis dahin will ich nicht zu allem ja und Amen sagen, was von oben kommt. So durchsuchte ich täglich diverse Publikationen nach Meinungen von Gleichgesinnten. Es gibt sie sogar, wenn auch 80 Prozent mit den Maßnahmen einverstanden sind, viele gern mehr davon hätten, mehr Kontrolle, lückenlose Überwachung, höhere Bußgelder, schärfere Verbote.

Wie war es mit der breiten Zustimmung, ja Begeisterung während der sogenannten Flüchtlingskrise 2015? Vier Monate hat die sogenannte „Willkommenskultur" angehalten, eine in modernen Erregungsgesellschaften lange Zeit, aber um eine Kultur zu etablieren, war das entschieden zu kurz. Und dann – die Kölner Silvesternacht war ein willkommener Anlass – verkehrte sich Zustimmung in Ablehnung, gab es Zweifel, Bedenken, Gesetzesverschärfungen. Jetzt haben wir vier Monate Coronakrise, ein bisschen kippelt es, nur die Drohung mit der zweiten Welle hält die Zustimmungswerte noch im grünen Bereich.

Rettungspakete beschwichtigen allseits vorhandenen Unmut. Das dicke Ende kommt später.

Wo bleiben die Informationen über die Ursachen von Zoonosen, gegen die angegangen werden muss, um eine wirksame Prävention in die Wege zu leiten? Denn dieses neue Virus wird ja nicht das letzte seiner Art sein. Die Chance, dass eine solche Debatte mit Interesse zur Kenntnis genommen wird, wäre jetzt (gewesen).

Heute mache ich alles anders! Ana hatte sich durch die Nacht gequält, machte ein paar gymnastische Übungen, denn der Ischias-Nerv quietschte erbärmlich. Sie stand an der Küchenzeile und dachte: Ja, was soll ich denn nun anders machen? Schließlich nahm sie die Espresso-Kanne und befüllte sie, das war auf jeden Fall entgegen aller sonstiger Routinen. Nach der gestrigen Radtour – nur schlappe fünfunddreißig Kilometer, aber das war für einen ersten Versuch und im hügeligen Schweden doch eine Herausforderung gewesen und wahrscheinlich hatte sie auch nicht genug getrunken – war sie seit drei Uhr durchs Haus getapert und hatte erst spät noch einmal eine Traumrunde auf dem Sofa verbracht.

„Ich will nicht sterben!", hatte Lisas Nachbar posaunt. Der Gipfel schien, als ein Sprecher verkündete: „Jeder Tote ist ein Toter zu viel." Eingebunden in einen Kreislauf aus Stoffwechsel, war für Ana der Tod so natürlich wie die Geburt. Und überhaupt gab es zu viele Menschen auf dem Planeten und die weltweit zunehmende Urbanisierung fand sie auch fatal. Das wurde ebenso weggewischt wie die von Lisa geforderte Diskussion über Zoonosen. Der Unvernunft waren die Türen weit geöffnet. Plötzlich waren da Ärzte, die in Gewissensnot gerieten, weil sie entscheiden sollten, wer eine Sauerstoffmaske bekommen sollte, wenn sie nicht für alle reichten. Ein anderer Arzt, der erklärte, dass ein alter Mensch, invasiv beatmet, ein dauerhafter Pflegefall würde, fand kein

Gehör. Weggewischt die Weisheit, dass die Lungenentzündung der kleine Bruder des Todes ist, dass ein alter Mensch häufig an einer Lungenkrankheit stirbt, dass das Immunsystem nicht mehr jeden Angriff abwehren kann, wenn ein gewisses Lebensalter erreicht ist. Da bekam auch ein über Neunzigjähriger noch einen Herzschrittmacher, bekam noch neue Hüften oder Knie. Über Palliativmedizin sprach man hinter der vorgehaltenen Hand. Egal, wie eingeschränkt oder dement, das Leben als solches musste erhalten werden. Ein Diskurs über würdiges Sterben kam zu dem Ergebnis, das Leben habe auf jeden Fall verlängert zu werden.

Ana hatte den Eindruck bekommen, an dieser Krankheitsideologie verdienten viele mit, während man gleichzeitig über die Kosten klagte. Die Alten waren die Kühe, die für das Überleben gemolken werden konnten. Und alles Mögliche musste auch gemacht werden. Dass die teuren Behandlungsmethoden ein Luxus waren, den man sich nur in den Industrieländern leisten konnte, verhalf nicht zu mehr Bescheidenheit bei der Anwendung von Mitteln, sondern zur Forderung, diese müssten für alle verfügbar sein. Ein hohes Lebensalter war Zeichen für Wohlergehen. Die sogenannte Übersterblichkeit, also die Toten, die mit dem Virus mehr gestorben waren als in normalen Monaten, war nicht bedrohlich, trotzdem nannten die Nachrichten immer wieder nur die Toten. Wie gefräßige Würmer saßen Wut und Verunsicherung in ihrem Gemüt, nicht immer aufdringlich, aber immer vorhanden.

Zum Glück hatte das Hypochondrische der ersten Zeit abgenommen. Diese Selbstbeobachtung, sich in den Hals schauen, auf jedes Niesen achten, jedes kleine Hüsteln als Hinweis auf das Virus deuten. Sie hatte sich nicht dagegen wehren können und andere hatten das bestätigt. Eine Freundin hatte eine Allergie, eine andere eine jahreszeitliche Angina – eigentlich normal, jetzt dem Diktat der Pandemie zugeschrieben. Und dann kamen die Tests. Ein Freund war zunächst positiv getestet, dann im Krankenhaus, ein weiterer Test verlief negativ. Warum? Die Fachleute, Virologen, Epidemiologen und Mediziner verkündeten in eigenen Blogs und Podcasts täglich neue Weisheiten.

Ana genoss ihren ein wenig zu stark geratenen Espresso, hörte die Meldung, dass man in hundertdreißig Labors weltweit an der Entwicklung eines Impfstoffes forscht, dass er sogar schon getestet würde. Prima, dachte sie, ein Impfstoff rettet uns. Hoffentlich wird Sterben dann wieder erlaubt sein. Sie freute sich über den Besuch des Hasen auf ihrer blühenden Wiese und über die Mücken jagenden Schwalben und machte sich an die Bearbeitung ihres Peru-Textes.

„Gefährder" allüberall

Infizierte

Verdachtspersonen

Super-Spreader

Virenschleudern

Risikodeutsche

Risikokontakte

Problemkontakte

Problemhäuser

Hotspot-Bewohner

Corona-Leugner

Impfgegner

Reiserückkehrer

Egoisten

Quarantänebrecher

Quarantäneverweigerer

Symptomlos Infizierte

Ein Blick auf das Virus: Als ein hässlicher, fetter Bauch mit Stacheln wird es dargestellt, ein kugeliges Monstrum ohne hinten und vorn, oben und unten. So rollt es durch die Luft und die Saugnäpfe an den Ausstülpungen wollen nur eins, an Zellen andocken, deren Ambiente ihnen günstig ist. Ist eine solche Zelle gefunden, dringt es ein, um sich mit ihrer Hilfe zu vermehren, mehr führt es nicht im Schilde. Es schickt seine Abkömmlinge aus, die sich wiederum neue Wirtszellen suchen, sie kapern und sich darin fortpflanzen. Vermehrung also nach Strich und Faden, wie alle anderen übrigens auch: alle Pflanzen, Bakterien, Tiere, menschlichen Tiere streben danach sich fortzupflanzen, auf diese oder jene Art, von den wenigen Ausnahmen abgesehen, die das nicht wollen oder nicht können. Den Wirt zu töten, haben Viren nicht im Sinn – und doch passiert es manchmal bei diesem Sars-CoV-2, dass Infizierte sterben an einem schweren Verlauf, begünstigt durch vorherige Erkrankungen, hohes Alter, Behandlungsfehler, Genaueres weiß man nicht.

Ein anderer Blick auf das Virus: Alexander Kluge erklärt, dass die Viren vor 3,5 Milliarden Jahren entstanden sind, damals war die Erde noch jung. Und dass unser menschliches Genom etwa zur Hälfte aus Viren-Erbmasse besteht, wir ihnen also einen Gutteil unserer Existenz verdanken. Ich kann das nicht nachprüfen, aber da Kluge ein kluger Mensch ist, nehme ich es ihm ab. Die Forscherin Karin Mölling geht noch weiter: Dass verstümmelte, verkümmerte Viren-Gene 50 Prozent unseres Genoms ausmachen, sei nachgewiesen, sie vermute aber, dass auch die restlichen 50 Prozent von solchem Virenmaterial stammen. Die inzwischen in lebende Organismen integrierten Viren seien VOR allem Leben entstanden und ein Motor der Evolution gewesen, ohne sie gäbe es uns nicht, meint auch sie.

Was ist überhaupt ein Virus? Ich habe nie darüber nachgedacht, gestern wollte ich es wissen. Als „Partikel" werden sie bezeichnet und gehören weder zu den Lebewesen noch zu den unbelebten Dingen. Sie erfüllen nur eins der drei wichtigsten Kriterien für Lebewesen, sie können mutieren. Aber sie haben keinen eigenen Stoffwechsel und sie können sich nicht aus eigener Kraft fortpflanzen, immer brauchen sie dazu die Wirtszellen lebender Organismen. Mölling vermutet, dass das früher anders gewesen sein könnte, anders gewesen sein muss, wenn man davon ausgeht, dass sie VOR den Zellen entstanden sind und erst später von ihnen abhängig wurden. Das ist logisch, lässt sich aber nicht beweisen.

Tja, damit also habe ich mich gestern beschäftigt. Ein kleiner Zugewinn an Wissen, der praktisch folgenlos ist. Heute ist der 1. Juli, es beginnt das zweite Halbjahr 2020, das als Corona-Jahr in die Weltgeschichte eingehen wird. 75 Jahre lang hieß es bei uns vor bzw. nach dem Zweiten Weltkrieg, ab jetzt wird es vor bzw. nach Corona heißen. Ein trüber Tag, bleigrauer Himmel. Ein Traumrest war noch da am Morgen: Jemand bringt mir Zitronen, immer mehr große, leuchtend gelbe Zitronen legt man mir auf mein Tablett, das finde ich sehr befriedigend. Schnell ist das Gefühl verschwunden, ich habe Lust zu nichts. An so einem Tag, an dem rein gar nichts anliegt, wäre ich früher in die Bibliothek gefahren, hätte Zeitschriften durchgeschaut und nach Lektüren gesucht. Jetzt darf man dort nicht mehr sitzen, muss maskenbewehrt und möglichst schnell sein Geschäft erledigen, Richtungspfeile und Abstandsmarkierungen beachten.

Die kleinen Irritationen im Alltag häufen sich überall: Dort müssen Sie sich anstellen, nicht da. Nicht mehr anstellen, wir schließen gleich. Nehmen Sie einen Korb! Wenn Sie an einem Tisch Platz nehmen, müssen Sie sich registrieren. ??? Ja, Ihre Daten auf den Zettel hier schreiben. Und wo landet der? Ich setze mich nicht. Die „Lockerungen" der letzten Wochen lassen kein Gefühl der Lockerheit aufkommen. Ich bleibe heute lieber in freiwilliger häuslicher Quarantäne, Mehltau legt sich übers Gehirn. Endet das nun bald? Endet das überhaupt mal wieder? Gesundheitsdiktatur als Dauerzustand? Was tun?

Die 10 + X Verbote

1 Alkoholverbot

2 Ausgehverbot

3 Ausschankverbot

4 Beherbergungsverbot

5 Besuchsverbot

6 Betretungsverbot

7 Reiseverbot

8 Tagestouristen-Verbot

9 Übernachtungsverbot

10 Verweilverbot

(und viele mehr)

Jedem Tag seine Chance! Trotzig schlug sich Ana ein paar Hände kaltes Wasser ins Gesicht und schenkte schließlich ihrem Spiegelbild ein Lächeln. Was konnte das Leben dafür, dass die Gesundheitspolitiker im Verbund mit den Medien glaubten, das ihre bestimmen zu können. Das alles würde ja nicht enden. Die von Lisa erwähnte Karin Mölling hatte vor unangebrachter Panik gewarnt, hatte auf die Sterbezahlen bei der Grippe vor zwei Jahren hingewiesen und sich angreifbar gemacht. Wer gegen die strengen Maßnahmen war, musste sich den Vorwurf des Zynismus gefallen lassen. Es sind so wenige, dachte Ana, die sich gegen die Panik stellen. So wenige, die ab und an eine Reduzierung der Menschen auf der Welt gutheißen würden oder das Sterben an einer Krankheit als zum Leben dazu gehörend sehen, die lieber ein paar weiße alte Menschen sterben sehen als die Ertrinkenden im Mittelmeer.

Wenn sie Politikerin wäre, sähe ihre Meinung vielleicht anders aus. Die Politiker, die in dieser Zeit die Maßnahmen zu verkünden hatten, waren nicht zu beneiden. Die Merkel machte das prima. Sie hielt sich an die Empfehlungen des Virologen von der Charité und die Experten vom Robert-Koch-Institut – da konnte sie nichts falsch machen. Oder? Als die Lockerungen – vom Gefangensein oder von was? – wieder Treffen möglich machten, zersplitterte prompt der erzwungene Zusammenhalt, der keiner war. Verschwörungstheorien und Falschmeldungen gab es in den sozialen Medien, Ana war in ihrem Schwedenexil wenig tangiert davon.

Eine Einkaufstour in die nächste Stadt war ein Erlebnis. Sie befand sich jetzt in der Situation, den Einkauf von ein paar Dingen als mit Ängsten verbundenes Erlebnis-Shopping zu verbuchen. Im Einkaufszentrum mit dem riesigen Angebot von Auto bis Klebeband war es voll wie zur Weihnachtszeit. Ana fiel ein, dass die Do-It-Yourself-Bewegung in Schweden ihren Ursprung hatte. Die Schweden zahlten als erste angemessene Löhne in der Industrie und im Handel und das konnten sich viele nicht mehr leisten, sie hatten es gelernt, wieder selbst zu tanken, selbst das Auto zu waschen, im Haus vieles selbst zu reparieren. Das hatte sich verbreitet, unzählige Bücher und Videos auf YouTube helfen dem eigenen Tun. Durch die billigen Arbeitskräfte aus vielen armen Ländern lässt es schon wieder nach. Mit Werkverträgen in der Landwirtschaft oder in Großbetrieben ist das erlaubt, nutzt man das Angebot privat, wird es mit dem Vorwurf der Schwarzarbeit belegt. Auch Ana beschäftigt eine Reinigungskraft mit polnischen Wurzeln ohne Steuerkarte, zahlt zwar mehr als den ortsüblichen Preis, weiß aber um die Problematik derartiger Arbeitsverhältnisse. Jeder lebt mit seinen Widersprüchen, dachte sie. Ambivalenzen sind nicht zu vermeiden.

Die vielen Menschen in diesem Laden mit den Angeboten zur Freizeitbewältigung verunsicherten sie. Sie selbst trug eine Maske, wurde dafür angestaunt, als käme sie aus China, Korea oder sei überhaupt eine Außerirdische. Obwohl die Infektionszahlen in Schweden hoch waren, herrschte eine gewisse Sorglosigkeit. Die Abstandsregeln hielt man ein, den Kindern gab man entsprechende Anweisungen, aber sonst lief alles normal. Nein, nicht ganz, denn die Bezahlung mit Bargeld war nicht möglich, überall konnte man nur mit Karte bezahlen, weitgehend ohne Eingabe einer Geheimzahl, und überall standen Desinfektionslösungen für die Hände bereit. Bei IKEA gab es keinen Restaurantbetrieb, im Supermarkt gähnte die Leere. Normal war nichts, schon gar nicht Ana selbst.

Und schon war sie über eine am Boden liegende Plastiktüte gestolpert, halb hingeschlagen, hatte sich gerade noch mit Knie und Ellenbogen abstützen können. Eine Angestellte hatte sich ihrer liebevoll angenommen, hatte sie mit Wasser und Sitzgelegenheit versorgt, hatte ihre Waren zusammengepackt, hatte Fehlendes für sie geholt, hatte eine Extrakasse aufgemacht und alles zu ihrem Auto getragen. Warum, dachte Ana, musste mir das passieren? Wollte ich mehr Aufmerksamkeit? War ich überfordert? Sicher war es ein Ausdruck dessen gewesen, dass sie sich in dieser Zeit nicht gern unter Menschen begab. Die Rückfahrt war reibungslos verlaufen. Mit einem Glücksgefühl hatte sie das Häuschen erreicht.

Das Wetter war entgegen den Voraussagen sonnig und warm. Sie konnte noch ein Bad im See anschließen und ein paar Walderdbeeren einsammeln.

Auf der Brache am Bach sah sie lange einem jungen Rehbock beim Äsen zu. Tiererlebnisse bestimmten den nächsten Tag. Am Morgen tobte ein junges Eichhörnchen über die Veranda, am Abend spazierte ein Reh übers Grundstück. Es verhielt an den Stachelbeeren, untersuchte die Johannisbeeren, schnupperte am Blumenbeet; schließlich inspizierte es die Hecke, bevor es im Wald verschwand. Kurz darauf kam der Dachs in eiligem Lauf hinter dem Schuppen hervor, beschrieb eine Kurve und war dann nicht mehr zu sehen. Ganz spät bekam Ana noch den Besuch der Katze der Nachbarn. Ja, wenn sie schon keinen menschlichen Besuch bekam, war wenigstens auf die Tiere Verlass.

Zum Glück war Anas Nachbar entspannter geworden. Hatte er bisher immer auf seine besorgte Tochter verwiesen, so meinte er jetzt bei einem kurzen Austausch: „Ich glaube, hier im Wald sind wir relativ sicher."

Die Berichterstattung suchte weiterhin nach den Extremen: Die USA hatten jetzt die meisten Infizierten und wieder flackerten die Bilder aus den Intensivstationen über den Bildschirm. Nein, enden würde der Spuk nicht so bald.

Ja, auf die Tiere ist Verlass. Das Berliner Tierheim meldet, dass die letzten Monate viel weniger Tiere abgegeben wurden als sonst zu dieser Jahreszeit. Weil weniger Leute in Urlaub fahren und ihre Mitbewohner deshalb nicht loswerden müssen oder weil mehr Leute die Anwesenheit von Hund Katze Meerschwein in diesen einsamen Zeiten zu schätzen gelernt haben? Man weiß es nicht.

Soziale Kontakte, also Gruppentreffen, durften lange nicht stattfinden, jetzt sind sie wieder möglich, finden aber trotzdem kaum statt. Kein Autorenforum, kein monatlicher Katzenstammtisch, die Lesegruppe eingestellt, die Aktiven der Albert-Schweitzer-Stiftung treffen sich nur noch online über eine Video-Plattform, ich weiß nicht, was sie da wie verhandeln, mag diese Mode nicht mitmachen, schließe mich so selber aus. Die Kinos sind seit 2. Juli wieder offen, Mitglieder eines Haushalts dürfen nebeneinander sitzen, alle anderen auf Abstand, davor und dahinter immer eine Reihe frei. Das wird sich wirtschaftlich nicht lohnen. Ich weiß auch gar nicht, was läuft, das Stadtmagazin hat sein Erscheinen eingestellt. Online-Tickets mit Zeitfenster all überall erforderlich, spontane Entschlüsse unmöglich. Neue Normalität? Der Sinn erschließt sich nicht und es fehlt die Motivation, für irgendetwas solch ein rares Ticket zu ergattern. Der gemeinsame „Hausstand" als Keimzelle der Gesellschaft, des Staates durfte (und musste) ja die ganze Corona-Zeit über zusammen sein, zusammen spazieren gehen, darf nun auch im Kino zusammensitzen. Dass die Hälfte der Haushalte in Berlin aus nur einer Person besteht, spielt keine Rolle. Blöd für die, die nicht einmal ein Haustier haben.

Dieser Tage nun werden kritische Blicke auf die Fleischindustrie geworfen – was sollte-könnte-müsste man da verbessern? Von Abschaffen keine Rede. SPD-Gabriel hat als Berater des Ausbeuters Tönnies nur „moderate" 10 000 Euro monatlich plus Spesen bekommen. Hat ihn ja auch offenbar schlecht beraten. Gleichzeitig wurden gestern in Bundestag und Bundesrat die miesen Standards für die „Nutztier"-Haltung weiter festgeschrieben. Wortgeklingel von Seiten der Weinkönigin, die Landwirtschaftsministerin spielt und die Schande charmant weglächelt. Heute dann aber die symbolische Besetzung der Schlachtfabrik durch tapfere Aktivisten, es geht voran, in Millimeter-Schrittchen, immerhin. „Solange es Schlachthäuser gibt, wird es Schlachtfelder geben", wusste schon Tolstoi. Auch wenn diese Felder heute anders aussehen als damals, Kurz-, Mittel- und Langstreckenraketen, Atom-Sprengköpfe und bewaffnete Drohnen statt Fußsoldaten und Reiter mit Lanzen und Zündnadelgewehren. Das Ergebnis ist das gleiche.

Ja, dachte Ana, die Fleischindustrie! Aber es ist ja nicht nur das Fleisch, auch die Milch zum Beispiel: Milchkühe züchten mit zentnerschweren Eutern, mehr und mehr Liter pro Kuh, und der Bauer bekommt immer weniger Geld pro Liter, da die Supermarktketten die Preise gnadenlos drücken. Und was ist mit den Hühnern, den Eiern? „Freilebende Hühner" – das beschwor einmal das Bild von frei in einem Gehege herumspazierenden Tieren, ab und an krähte ein Hahn. Liest Ana die Hinweise auf der Verpackung genauer, findet sie zwar immer noch „freilaufende Hühner", aber mit dem Zusatz „im Haus" oder auch „außer Haus" und weiß immer noch nicht, ob das Ei von einem Huhn gelegt wurde, das glücklich mit einigen anderen, mögen es auch ein paar hundert sein, in einem entsprechend großen Außengehege scharren durfte. Die Politik versagte in so vielen Fällen. Lebensmittel sollten billig sein, etwas essen muss der Mensch.

Profitgier war nur die eine Seite, nur ein Puzzleteil im ruinösen Kreislauf. Auf der anderen Seite die Forderung, auch ein Mädchen von einem Bauernhof im hintersten Winkel Bayerns müsste dieselben Bildungschancen haben wie das Kind von akademischen Eltern in einer Großstadt; der Bauer müsste auch Urlaub machen können wie der Industriearbeiter, die Pflegekraft müsste am Zugewinn beteiligt werden wie ein Bankangestellter. Alles lief auf „Alles für Alle" hinaus und das führte zu billigen Flügen, zu Kreuzfahrtschiffen mit mehreren tausend Plätzen, zu einer Industrialisierung der Landwirtschaft und zu immer mehr Entfremdung. Vielen Menschen fiel das gar nicht auf, weil sie selbst eine Kreuzfahrt machen konnten oder in einen billigen Flieger einsteigen und für ein Wochenende nach Mallorca fliegen. In der Kunst, im Theater, in kritischen Songs wurden die Missstände aufgegriffen und entsprechend kommentiert, wurden Veränderungen eingefordert. Schaute man sich das aber aus der Perspektive der Politik an, sah man die Sachzwänge, in die längst auch die Forschung und eben die Medizin mit ihrer Forderung nach noch mehr lebenserhaltenden und verlängernden Maßnahmen eingebunden waren.

Bei all diesen Überlegungen konnte die große dunkelgrüne Melancholie nicht in ihrem Kämmerlein bleiben. Sie breitete sich in Ana aus und fraß sich tief in ihre Seele. Ihr Herz war so schwer wie ein Zentnersack, den sie inwendig mit sich herumschleppen musste. Ob es durch Corona mehr Depressionen gibt? Wer wollte das messen? Zählen konnte man Infizierte, intensiv Betreute, Tote. Für die Presse zählten Zahlen. Zahlen waren der Mainstream. Mit Zahlen konnte man argumentieren und Zukunft bauen. Mehr Gewalt in den Familien? Wann und wo fällt das auf? Es kommen mehr Frauen in die Frauenhäuser? Vielleicht reichen sie aber auch gleich die Scheidung ein und kommen erst einmal bei Verwandten unter. Vereinsamung der alten Menschen, die wochenlang keinen Besuch erhalten konnten? Wie misst man Vereinsamung? Es gibt nur zwei Darstellungen: Entweder die

Zahlen – oder die Human-Interest-Story, der Bericht über das Einzelschicksal.

Ana seufzte. Was sollte, was konnte sie tun? Sie saß in ihrer überschaubaren Einsamkeit mit Wind, Wald und Tieren – mit ausreichend Büchern, Internet und Mediatheken aller Sender, mit Podcasts und sozialen Medien. Sie litt keinen Hunger, im Gegenteil, sie dachte nun, da anderes wegfiel, beständig an Essen, machte auch mal sauber, wenn sie den Staub nicht mehr sehen wollte, atmete kreatürlich vor sich hin – alles gut, aber „menschlich" war das nicht. Menschlich war die Einbindung in eine Familie oder wenigstens eine Freundschaftsstruktur mit analoger Begegnung. Freiwilliges Alleinsein war mit all den Möglichkeiten zur Gemeinsamkeit behaftet, von denen sie sich frei gemacht hatte, soweit es ihre Bedürfnisse zuließen. Dieses Alleinsein hier in ihrem Schwedenhaus war mit Kontakt zum Nachbarn und den Besuchen bei den Freunden gedacht gewesen. Schmalspurkommunikation. Jetzt war das nur virtuell möglich. Nein, so war das nicht gedacht gewesen. Zum Glück gab es Regentage. Einen wie diesen, an dem sie getrost nichts machen konnte. Die Tage flossen ineinander: War heute Mittwoch? Oder Donnerstag? Erst Dienstag? Datum und Wochentag hatten ihre Bedeutung verloren. Tageszeiten? Sie legte sich hin, wenn sie müde oder einfach erschöpft war, sie machte sich etwas zu essen, wenn sie Hunger hatte, sie ging hinaus, wenn der Körper nach Bewegung verlangte. Nichts musste. War das Freiheit? Nichts tun. Das war eine schöne Option.

Na gut. Nicht nichts! Sie hatte ein Buch über China gelesen, „Wilde Schwäne" von Jung Chan, die Geschichte einer Familie von der Kaiserzeit bis 1991. Die kommunistische Revolution, von der Autorin herbeigesehnt, erweist sich als autoritär. Das, und damit die Linke, dachte Ana, ist also auch keine Option. Und die Partei der Grünen? Das ist wie FDP mit Bäumen! Vom Grundsatz her akzeptabel, aber das sind auch die Sozialdemokraten und sogar die christlich-konservative Partei hat ein Grundsatzprogramm, mit dem Leben geschützt sein sollte. Nur wenn es um die reale Tagespolitik geht, sind die Sachzwänge da. Und die verlangen in der Corona-Pandemie autoritäre Maßnahmen und eine ungerechtfertigte Aufmerksamkeit. Was, dachte Ana, wird sich wirklich ändern durch diesen Einschnitt?

Heute ist der 6. Juli 2020. Kleiner Rückblick – ich schaue nach, was ich vor vier, drei, zwei Monaten und vor einem Monat im Tagebuch notiert habe:

6. März: Heute Morgen wieder heftigerer Husten und Schnupfen als die letzten Tage, dazu erneutes Halsweh. Was ist da los? Ich bleibe den ganzen Tag zuhause. (Auf die Idee, dass das vielleicht die neue Corona-Krankheit sein könnte, kam ich damals nicht, die war noch nicht Thema. Das hat mir einiges an Sorge erspart, zumal ich auch zwei Tage lang Fieber hatte, was ja untrügliches Zeichen für Covid-19-Anstreckung sein soll.)

6. April: Es wird suggeriert, jeder Passant sei ein potenzieller Feind, ein Infizierter, der einem den Tod bringen kann. Trägt das bei zum viel beschworenen „Zusammenhalt der Gesellschaft"? Diese Wirrologen! Hab wieder ein paar Masken genäht, es war mir plötzlich ein Bedürfnis, etwas Handwerklich-Kreatives zu tun. Von Verschleierungsverbot und Vermummungsverbot ist keine Rede mehr – im Gegenteil! Noch nicht so lange her, dass gewettert wurde gegen Niqap, Burka und Burkini, und das, wie ich finde, zu Recht. Diese einst heftige Debatte ist verstummt. (Hab gerade nachgeschaut: Das Vermummungsverbot, § 17a Versammlungsgesetz, ist offenbar weiterhin gültig und belegt Verstöße, mit Geldstrafe oder Freiheitsstrafe bis zu einem Jahr. Zur Erläuterung wird angeführt:

„Dort, wo das Vermummungsverbot Gültigkeit hat, ist es untersagt, in einer Aufmachung aufzutreten, die dem Zweck dient, die Feststellung der eigenen Identität zu erschweren. Dies bedeutet vor allem das Tragen von Masken oder das Verschleiern des Gesichts mit Tüchern oder Schals."

Jetzt, wo alle in dieser Aufmachung auftreten müssen, ist es dem Gesetzgeber noch gar nicht aufgefallen, dass das heftig kollidiert mit dem Bußgeld von 50 bis 500 Euro wegen fehlender „Mund-Nasen-Bedeckung" in öffentlichen Verkehrsmitteln. Das bringt gesetzestreue Bürger doch in ein unlösbares Dilemma! Und ist die Gesichtserkennungs-Software schon so weit, dass die Identität einer Person festgestellt werden kann, die zwei Drittel ihres Gesichts bedeckt hält?)

6. Mai: Ein paar „Lockerungen" soll es ab morgen geben, welche dann für Berlin gelten sollen, weiß ich noch nicht. Coronamüde. Bin faul, auch gedankenfaul. (Der Notierenden schwindet die Kraft für längere Ausführungen.)

6. Juni: Den ganzen Tag zuhause, viel gelesen. (Kraft weiter geschwunden.)

Und heute, 6. Juli? Ich vermute, ohne die spärlicher werdenden Notizen der letzten Monate würde ich mich heute an rein gar nichts Bestimmtes mehr erinnern können. Alles verschmolzen zu einem zähen, grauen, faden Grießbrei. Und der Blick nach vorne? Im dichten Nebel ist nichts zu erkennen. Jetzt ist

schon von „Wellen" die Rede, die noch kommen können, nicht mehr nur von der einen gefürchteten
„zweiten Welle". Na dann Prost. Damals, als so viele
Klopapier hamsterten, habe ich mir eine Flasche Cog-
nac gekauft, die ist immer noch nicht angebrochen.
Die Angst, dass es noch schlimmer kommen könnte,
trübt den Blick auf die für viele jetzt schon spürbaren
Konsequenzen. „Wo aber Gefahr ist / wächst das Rettende auch"? Ich kann nicht einmal annähernd ausmachen, was dieses Rettende jetzt sein könnte und
habe keine Ahnung, wo ich mich wie dafür einsetzen
könnte. Da sind die Sachzwänge, die autoritären
Maßnahmen, das fehlende Gegenmodell. Nicht är-
gern, nur wundern?

Bürokratische Regelungswut

Virusvarianzgebiet

Ostsee-Reiseverbot

Hochinzidenzgebiet

Spuckschutzscheibe

Verweilverbotszone

Ansammlungsverbot

Einkaufswagenpflicht

Sitzplatzmaskenpflicht

Kontaktnachverfolgung

Quarantäneverweigerer

Digitale Einreiseanmeldung

Corona-Eindämmungsverordnung

Infektionsnachverfolgungssoftware

Anwesenheitsdokumentationspflicht

Infektionsschutzmaßnahmenverordnung

(und viele andere mehr...)

Die Stimmungen kommen in Wellen. Ana kann nicht einmal sagen, ob sie mit den gehörten oder gesehenen Nachrichten oder Informationen zu tun haben. Sie liest und liest und wird nicht klug! „Seitdem mir bewusst ist, dass ich jeden Tag sterben kann, fällt aller Eifer von mir ab", so oder so ähnlich hatte Steve Jobs sich geäußert. „Seitdem ich immer da sein will, wo ich gerade bin, bin ich immer am richtigen Ort." Das war Anas Lieblingszitat von Charly Chaplin. Na schön! Sie war am richtigen Ort und ihr war bewusst, dass es nur das Hier und Jetzt gab, in dem sie agieren konnte. Gestern war vorbei – gehörte aber zu ihr, auch mit dieser „grauen Masse" von Tagen, Wochen, inzwischen Monaten seit dem Ausbruch der Pandemie, für morgen konnte sie nichts planen, denn immer neue Zahlen belegten neue Infektionsherde und es erfolgten weitere Maßnahmen.

Sie kam sich vor wie in Haushofers „Wand", in der sich die Protagonistin in einer abgeschlossenen Welt wiederfindet. Auch Ana kam sich entrückt vor. Konkret waren nur die fütternden Schwalben, alles andere war fern. Und dann folgte plötzlich eine große Traurigkeit, eine dunkelgrüne melancholische Welle. Viele Freunde äußerten am Telefon, ihr Leben habe kaum Einschnitte. Ihres hatte erhebliche: Die USA-Reise, im letzten Jahr wegen ihres Einsatzes in Nepal abgesagt, konnte auch in diesem Jahr nicht stattfinden. Der Tod ist immer gegenwärtig? Würden sie – mit dem Freund vor Jahren geplant und zu einem rolling gag geworden – diese Reise überhaupt noch machen können? Würde sie überhaupt noch jemanden wiedersehen? Schon bei ihrem letzten Aufenthalt in Berlin hatte sie jede Begegnung als die möglicherweise letzte verbucht. Ein plötzlicher Tod wäre nicht für sie dramatisch, sondern für ein paar andere, die mit einem Morgen rechneten. Immer häufiger hört sie den Satz: „Der X, die Y hat Krebs." Alles mit dem Unterton: Stell dir vor wie schlimm. Dabei handelte es sich meist um über Achtzigjährige. Was sollte daran schlimm sein? Auch ohne Krebs ist doch ein siebzigjähriger Körper alt. Muss man da Mitleid haben?

Warum hatte sie dann trotz ihrer Vernunft diese depressive Stimmung ergriffen, gegen die sie sich nicht wehren konnte? Die Tränen saßen in den ohnehin meist tränenden Augen dicht hinter den Lidern.

Jetzt, ja, genau jetzt! stünde sie als Deutschlehrerin vor einer Klasse mit Jugendlichen aus aller Welt, würde sich die Namen einprägen, die Kenntnisse abfragen, mit ihnen eine Klassenidentität herstellen. Dass sie nicht dort war, sich nicht auf den Abend auf der Terrasse des Kolpinghauses freuen konnte, wo sie mit den Kollegen bei einem Glas Wein die ersten Eindrücke austauschen könnte, das zog sie mit einem großen „Ist nicht!" herab. Ziemlich sicher würde sie sich im nächsten Jahr nicht noch einmal für diese Arbeit melden. Angesichts ihres Alters und der diesjährigen Zwangspause mit der Gewöhnung an einen anderen Ablauf des Jahres, des Sommers hier in Schweden, kamen Zweifel an ihrer Kraft auf. Sie

konnte sich ja nicht einmal für die notwendigen Arbeiten im Haus und auf dem Grundstück entscheiden.
Das große „Wozu?" drängte sich in alle Vorhaben.
Wenn niemand kam, wenn Besuche nicht möglich
waren, wenn alle Sommergäste absagten, wenn sie
allein in diesem Paradies bliebe – dann reichte es, die
Bücher zu lesen, die Infos aus Südamerika, es reichte
zu telefonieren, zu chatten, mit den Menschen in Verbindung zu bleiben, dann war „leben" auf das vitale
Sein beschränkt.

Covid-19: hochansteckend, in vielen Fällen tödlich!
In Schweden gab es besonders viele Tote durch das
Virus, aber auch besonders viele Badeunfälle, allein 23
im Juni. „Die Wirtschaft bricht stärker ein als angenommen." Hahaha, sagt Ana wütend zu jemandem,
der sie nicht hören kann, wer hätte das gedacht. Und
ob die Rechnung, die „kleinen Leute" mit Geld zu
versehen, damit sie es in den Konsum stecken, aufgeht, weiß doch auch niemand. Es soll mich auch
nicht kümmern, sagte sie sich trotzig.

Wenigstens nimmt sie das Fahrrad, strampelt ihre
Wut in die Pedale und hält an einer Stelle, um eine
Schale Walderdbeeren zu sammeln. Die kleine rote
Frucht zaubert ein bisschen Freude ins Gemüt. Und
wenn es ihr auch nicht gelingt, den giftigen Grundfrust zu verdrängen, so findet sie doch ein positives
Plätzchen im Alltag. Es geht weiter.

Maskenball

Gesichtsbedeckung

Gesichtstextil

Mund-Nasen-Bedeckung

Alltagsmaske

Atemschutzmaske

Behelfsmaske

DIY-Maske

Mund-Nasen-Schutz

FFP2-Maske

FFP3-Maske

K95-Maske

medizinische Maske

Sabbelschutz >

„Gloomy Sunday", so hieß einmal ein sehr trauriger Film. Ist mir denn gloomy zumute, jetzt da ich nach fast einer Woche des Zusammenlebens mit meiner turbulenten Familie wieder zuhause bin und alle Zeit der Welt für mich habe, oder ist mir nur langweilig? Schade, dass ich diese beiden Enkel nicht mehr erleben werde, wenn sie erwachsen sind. „Machke?" fragt die knapp Dreijährige beim Anstehen vor dem Supermarkt, ob sie auch eine Maske brauche? „Nein nein, du doch nicht." – „Machke, warum Machke?", fragt sie weiter. „Wegen Corona." – „Jaaa, Coronaaa!" triumphiert sie, als habe sie verstanden. In welcher Welt werden sie leben, was werden sie als „normal" empfinden? Und hat mein Interesse für die tieferen Ursachen und langfristigen Folgen dieser Pandemie damit zu tun, dass ich mich mit meiner persönlichen Lebenssituation nicht auseinandersetzen mag? Immer wieder will ich das Puzzle zusammensetzen, mir Klarheit verschaffen, und immer wieder fallen die einzelnen Teile auseinander. Neuer Versuch:

Eine Gesellschaft, auf individuelle Freiheit getrimmt, sieht sich konfrontiert mit den angeordneten Einschränkungen dieser bisher als selbstverständlich angesehenen Freiheiten und das Thema der Macht, des Beherrscht-werdens, das ja unter der Oberfläche immer vorhanden war, tritt nun deutlich hervor. Macht über die Gedanken war offiziell verpönt gewesen, von der chinesischen Gehirnwäsche hatte ich schon damals in der Schule gehört und bald auch die subtileren Methoden der Manipulation hierzulande kennengelernt und die als objektiv verkauften Nachrichten als ideologisch verzerrt erkannt und zu kritisieren begonnen.

Das andere Feld der Machtausübung sind die Körper. Das reicht vom Erbeuten oder Kaufen von Menschen als Arbeitskräfte, von Männern als Sklaven und Frauen als Beischläferinnen weit in die Zeit zurück und ist auch heute noch nicht überall verschwunden: der ganze Mensch als Eigentum eines anderen. Die Tiere sowieso. In jedem Krieg verfügt der Staat über das Leben junger Leute, die gegen den Feind losgeschickt werden und als Krüppel oder gar nicht mehr zurückkehren. Befehlsverweigerung, Fahnenflucht wird hart bestraft. Aber auch in Friedenszeiten wird innerhalb von Gesellschaften und Gruppen Macht über die Körper ausgeübt durch Strafen, an den Pranger stellen, foltern, prügeln, einsperren, aufhängen, enthaupten… Der Methoden sind viele, nur Menschen denken sich so etwas aus. Sie haben sich auch Kleiderordnungen ausgedacht, die darüber bestimmen, wie die Körper jeweils zu verhüllen sind und wie nahe sie sich kommen dürfen, aktuell in Form der Maskenpflicht und der Abstandsregeln. Wir erleben seit einigen Monaten diese Herrschaft über Gedanken, Emotionen und Körper, in abgeschwächter Form zwar, aber sicher nicht ohne Folgen. Wie wird man in zehn, in fünfzig Jahren urteilen über unsere Coronazeit? Mehr Fragen als Antworten, und alles dreht sich mal wieder im Kreis.

Man kann wieder ins Kino gehen – mit Abstand und Online-Ticket mit Zeitfenster, muss ein Datenblatt ausfüllen – ich lasse es sein und putze stattdessen das Bad, ein bisschen Bewegung tut gut. Also nicht wegen der Hygiene, Top-Thema in allen Lebensbereichen. Händewaschen und In-die-Armbeuge-Husten genügt längst nicht mehr. Was waren wir doch alle schmuddelig! Jetzt, im Verlauf der Krise, beobachte ich das exponentielle Wachstum der Hygienekonzepte: Das Konzept der Oxfam-Shops umfasst 38 Seiten. Diese Woche gibt es ein Tennis-Turnier in Berlin, da umfasst das Hygienekonzept, wie ich gerade hörte, 59 Seiten, worauf man stolz ist. Auch das ist sicher noch zu toppen. Stolz wird der neue „Hygienetunnel" präsentiert, den alle Teilnehmer und Zuschauer werden passieren müssen. Dann sind sie nicht nur sauber, sondern rein, bringen sich und andere nicht in Gefahr und werden wohl ewig leben.

Maskenpflicht

Maskenkontrolle

Maskenmode

Maskenmuffel

Maskensünder

Maskenverweigerer

Open-Air-Maskenpflicht

Maulkorb

Merkel-Maulkorb

Maskenaffäre

Maskendeals

Maskenraffke

Maskenskandal

Zäsuren – die gibt es. Kein richtiges Umdenken und auch kein Weiterso. Ein Soziologe erklärte, dass nun nach der Zeit der Deregulierung und Globalisierung eine Zeit kommen werde und müsse, in der eine Regierung dann gut ist, wenn sie Sicherheit und Regulierung, vorsichtige Regionalisierung und soziales Miteinander statt Individualisierung in den Fokus nimmt. Ha, denkt Ana, als hätte man das nicht längst gesehen. Sie hüpft an diesem Morgen beschwingt über die Wiese, läuft ein paarmal als gymnastische Übung die kleine Verandatreppe rauf und runter, holt sich den Morgentee und freut sich über weitere Schwalbenjunge.

Diese Jungen sitzen heute zu sechst auf der Freilandleitung, aber diesmal unter dem schützenden Schuppendach, denn es regnet. Ana freut sich über den Tag, der ihr gestattet, drinnen zu bleiben. Die große Paddeltour hatte sie in der Schönwetterzeit gemacht, anstrengend war es gewesen. Und langweilig! Aber es hatte ein Ziel gegeben und sie hatte es erreicht. Gut so. Und nun brauchte sie nur noch jemanden, der das Boot haben wollte, gern geschenkt, und Schluss mit lustig! Wenn niemand mit ihr das Vergnügen teilte – für sich allein brauchte sie das nicht. Aber was brauchte sie denn? Kreatürlich lebte sie, essen, schlafen, den Tag überstehen. Bewegung und frische Luft, um das Immunsystem zu stabilisieren. Und wozu das? Vielleicht sollte sie sich ein bisschen hinfällig machen, dann würden die Leute einsehen, dass sie alt ist. Welche Leute? Es war ja niemand da. Ihre Gefühlslage schwankte zwischen Glück, Wut und Gleichgültigkeit.

Ana schaute hinaus in den Regen und auf den Bildschirm mit den neuesten Infizierten-Zahlen. Deutsche durften ab dem 15. Juli wieder nach Norwegen einreisen, für Schweden hieß es, auf unnötige Reisen solle man verzichten, bei Rückkehr sei „mit Verpflichtung zur Absonderung" zu rechnen. Schon die Sprache konnte aggressiv machen. Die aus der Wirtschaft veröffentlichten Zahlen erst recht. Da stiegen die Aktien des E-Autobauers Tesla in den Himmel, während die deutsche Autoindustrie mit ihren Verbrennungsmotoren in den Keller rutschte. Also weniger Emission, aber nicht weniger Auto. Und woher sollte das Lithium für die Batterien kommen? Ging es sie etwas an? Neue Generationen würden neue Lösungen finden.

Sorge machte ihr die Zunahme von Rassismus. Oder nahm der Hass auf das Andere gar nicht zu, sondern äußerte sich in der Krisenzeit nur besonders laut? Schon vor Jahren hatten Künstler doch mit zunehmenden Hassäußerungen zu tun gehabt. Konnte sie etwas zur Eindämmung tun? Jedenfalls nicht hier in den schwedischen Wäldern. Gut so. Sie ging ins Bad, pinkelte und schenkte ihrem Spiegelbild ein Lächeln.

Am See merkt man nichts von Corona, da liegen die Nackten und spärlich Bekleideten maskenlos im Sand und im Gras, und beim Schwimmen rückt das leicht gewellte Wasser in den Blick, im Augenwinkel die grünen Uferbäume, oben zieht dann und wann eine weiße Wolke durchs Blau. Die Männer machen auch im Wasser Lärm, genetisch oder kulturell bedingt patschen, spritzen, prusten sie, die Frauen dagegen schwimmen geräuschlos dahin. Nur wenn sie zu mehreren im Wasser unterwegs sind, stehen die Münder nicht still, sie haben sich viel mitzuteilen, schwätzen unentwegt. Vierhundert Schwimmbewegungen zähle ich, das reicht.

So war es gestern, heute wieder Dauerregen. Und morgen fließt bei Tönnies wieder das Blut, es wird wieder geschlachtet, wie hätte es auch anders sein können. Der „Schweine-Stau" erfordert es, die Fleischkonsumenten fordern es sowieso. Der CDU-Fraktionsführer pocht auf sein Recht auf Nackensteak. Das panische Quieken mischt sich wieder mit dem metallischen Lärm der Tötungsvorrichtungen, im Sekundentakt wird Lebendiges zur Ware zerhackt. Das bekommen nur Menschen hin und die meisten finden und empfinden nichts dabei. Man möchte versinken in den Sümpfen der Traurigkeit… Und wird doch immer wieder die Verdrängungsleistung vollbringen – besser nicht daran denken, es sich nicht vorstellen. Neue Aufregerthemen drängen sich in den Schlagzeilen nach vorne, Trump mit Maske, NSU 2.0

bei der Polizei… Hauptthema aber ist der Urlaub der
Deutschen, wo sie ihn wie verbringen dürfen, wollen,
sollen. Viele werden gar nicht wollen, haben ihren
Urlaub schon aufgebraucht wegen Kinderbetreuung,
aus Mangel an Geld, aus Unlust, sich auch noch in der
„unbeschwerten" Auszeit vom täglichen Trott unter
dieses oder jenes Corona-Reglement zu begeben. Am
unbeschwertesten bin ich zurzeit zuhause, wo mich
keiner sieht und ich mir die Hände den ganzen Tag
weder waschen noch desinfizieren muss. Niemand
da. Das ist gut. Das ist schlecht, die Einsamkeit muss
ich dafür in Kauf nehmen.

Die Einsamkeit in Kauf nehmen! Ach! Ana wandert durch den Wald, es ist so still, dass schon das Sirren eines Insekts an ihrem Ohr wie die zärtliche Melodie des Lebendigen klingt. Trotz aller Freude über die Natur und ihre Unerbittlichkeit beim Werden und Vergehen ist ihr Herz wie ein Stein, zieht sie hinunter in die Sinnlosigkeit der Freiheit zur Entscheidung. „Zur Freiheit verurteilt", meinte Sartre und ein anderer Philosoph, den Namen hatte sie vergessen, sprach sich für die Einführung des Begriffes „Mündigkeit" aus. Die Entscheidungen wären eben nicht immer frei, aber man könne das Leben unter die lebenslange Aufgabe zu immer mehr Mündigkeit stellen. Am Ende dann warte das Glück. Ana setzte die Liebe dagegen. Ein Leben lang versuchen, mehr zu lieben, andere und sich selbst. Erstens war gerade niemand da, mit dem sie diese Liebe mehr als nur virtuell hätte teilen können, zweitens war es da draußen schrecklich. Die Flüchtlinge, das Virus, das Versagen der Politik.

Versagen der Politik? Ja, die Politiker fanden nicht mehr die richtige Abgrenzung zwischen Individualität und Gemeinschaft. Zwischen Rahmenbedingungen schaffen und persönlicher Verantwortung. Jede Gruppe, jedes Grüppchen mit ihren Anliegen sollte bedient werden und das, was für alle nützlich wäre, geriet aus dem Blick. Profitgier bestimmte die Altenversorgung und drang mächtig in den Bereich der Bildung vor. Haben wir bereits Feudalismus? Ana las in einem Buch über die Kulturrevolution in China und wie der gute Gedanke des Kommunismus in persönliche Macht pervertierte. Hatte die Französische Revolution Fortschritte gebracht? Sie hatte dem Adel die Macht entzogen. Wem muss man heute die Macht entziehen? Dem Gigantomanismus der Großkonzerne. Wie? Es blieb, dachte Ana, bei kleinen Schritten zum Umbau der Gesellschaft.

Es half nichts. Der Tag musste gelebt werden. Ana verschaffte sich kleine Freuden: eine Runde um die kleine Insel paddeln, das Boot sicher unterstellen, die Wiese mähen, einige Falter registrieren, der Amsel die roten Johannisbeeren überlassen.

Die Freunde aus Thüringen, die jetzt in Norwegen wohnen, riefen an. Sie waren in Deutschland gewesen und mussten irgendwann zurück nach Norwegen – dort galt für Menschen, die aus Schweden einreisten, noch immer die Quarantäneregel. Der Mehltau der täglich neuen Fakten legt sich auf dem ohnehin schweren Herzen ab. Sie erkämpft sich tapfer das kleine Glück des Augenblicks und setzt es der Verzweiflung entgegen.

Eigentlich sollte jetzt Sommer sein, aber wieder ein bleigrauer Tag und die Aussicht auf Regen. Die Bäume wird's freuen, die Urlauber in deutschen Landen eher nicht. Jetzt wollen die Leute auch ihren gerade gebuchten Mallorca-Urlaub stornieren, klagt eine Reisebürofrau im Radio, entweder weil der große Spaß dort nicht mehr möglich ist, nachdem die angesagten Saufkneipen wieder geschlossen wurden, oder aus Angst vor möglicher Infizierung durch eben diese rücksichtlos Feiernden dort. Die Spaßgesellschaft ist in die Schranken verwiesen, sie wird anderswo ein Ventil finden, und seien es nächtliche Randalen in einstmals friedlichen Innenstädten. Außer mit Polizeigewalt mag man dem offenbar nicht begegnen, da hat man keinen Plan. Überhaupt hapert es mit den Plänen, die Lehrer klagen schon, wie das nun gedacht sei mit dem neuen Schuljahr. „Die Artisten in der Zirkuskuppel – ratlos".

Auch ich – ratlos. „Bleiben und stille bewahren / das sich umgrenzende Ich", zog Benn frustriert die Konsequenz aus der gescheiterten Sinnsuche. Ein Trost?

Testen testen testen wird gerufen, engmaschig, in kurzen Abständen das Lehrpersonal testen, überhaupt mehr testen. Aber wie fühlt sich das an, getestet worden zu sein? Die Wartezeit, engmaschig, in kurzen Abständen? Bin ich nun infiziert oder nicht? Eine wiederholte Anspannung also, Dauerstress. Nachdem die große Angstmache abgeklungen ist, werden täglich kleine Feuer entzündet, hier wieder eine Hochzeitsgesellschaft, die nicht heil davonkam, dort ein „lokal begrenzter Ausbruch" in einem Schlachthaus, einer Kirchengemeinde, dort die Schilderung möglicher Spätfolgen bei „Genesenen", täglich die horrenden Zahlen aus den USA – so bleibt die Coronalage stabil, so bleibt sie bedrohlich. Heute, 19. Juli, gibt es in Deutschland 200 Neuinfektionen (bei wie vielen Tests?) und insgesamt 5000 gemeldete Infizierte (wie viele davon ernsthaft erkrankt?) auf 83 Millionen Einwohner, das scheint mir doch ein sehr kleiner Anteil zu sein. In Brüssel feilschen sie gerade ums Geld, das zur Verteilung in der EU bereitstehen soll, um die Pandemiefolgen abzumildern. Woher kommt dieses Geld? Wer hat es erarbeitet, wird es erarbeiten müssen? Denn die Geldgeber (wer genau ist das?) werden es ja mal wieder zurückhaben wollen samt Zinsen. Nicht mein Problem, ich entscheide nichts, bin nicht von Pleite bedroht, nicht arbeitslos, also privilegiert, und doch denke ich darüber nach.

Klar, mit der Zeit gewöhnt man sich an das Maskenwesen, aber immer wenn ich die Politiker mit dem Mundschutz auftreten sehe, kommen mir die Klappmaulfiguren aus der Sesamstraße in den Sinn. In Berlin geht es gerade darum, ob die Mohrenstraße und die S-Bahnstation Onkel-Toms-Hütte umbenannt werden sollen, Phantomdebatten über Phantomschmerzen, als seien Kolonialzeit und Rassismus aus der Welt, wenn alle Wörter, die daran erinnern könnten, getilgt sind. Auch im öffentlichen Diskurs gibt es Moden und Saisonwechsel, das Gendersternchen ist gerade en vogue, die wichtigen Fragen bleiben außen vor: „Was kann ich wissen, was soll ich tun, was darf ich hoffen, was ist der Mensch?" Wer's nicht lassen kann, leistet sich den Luxus, darüber nachzudenken, allerdings ohne zu einem Ergebnis zu kommen.

Wende den Blick auf anderes, sage ich mir, warum nicht auf die kleinen Dinge, den Regenwurm zum Beispiel mit seinem erstaunlichen Verdauungsapparat und seinen zweimal fünf Herzen? Braucht keine Augen, keine Gliedmaßen, noch nicht einmal ein Gehirn, und er bewegt sich doch und tut viel Gutes. Die Diskussion ums Geschlecht erübrigt sich da auch, denn er/sie hat beide Geschlechter und kommt gut damit klar.

Viele Arten Lockdown

Frühjahrs-Lockdown

Lockdown light

Harter Lockdown

Ultraharter Lockdown

Wellenbrecher-Lockdown

Komplett-Lockdown

Salami-Lockdown

Echter Lockdown

Dauer-Lockdown

Blitz-Lockdown

Radikaler Lockdown

Teil-Lockdown

Mega-Lockdown

Total-Lockdown

Endlos-Lockdown

Lockdown-Verlängerung

Manchmal ist Ana fleißig. Meist irrt sie durch die Tage, nicht wissen wollend, ob Sonntag oder Donnerstag ist. Sie hat gesehen, dass die Amseln in den Johannisbeeren sitzen, also sind sie reif, sie pflückt vier Kilo. Daraus wird sie zuerst Saft machen, danach Gelee. Insoweit wäre der Sommer normal. Nicht normal ist aber, dass sie überhaupt zur Reifezeit der Früchte an diesem Ort ist. Das bleibt bewusst. Und nicht normal ist ihr Alleinsein. Die Traurigkeit ist nicht mehr so schlimm wie im Mai, aber Nachrichten und Informationen bleiben verwirrend, sie lebt in dieser Zeit, die ihre Phantasie sich nicht hatte ausmalen können. Bücher über mögliche Weltzerstörungsszenarien mit biologischen Waffen hatten sie nie interessiert.

Sie liest noch einmal den gesamten Artikel über die Virologin Karin Mölling. Die Mölling ist siebenundsiebzig Jahre alt, hat mehrere Epidemien erlebt – wie alle über 70-Jährigen – und Ana weiß sich in guter Gesellschaft mit der Einschätzung, dass der totale Lockdown falsch war. Die eingebrochenen Wirtschaftszahlen sind nur ein Beweis, die nicht zu zählende Verzweiflung über zerstörte Existenzen sind ein anderer. Aber, das weiß auch Ana, Schweden blieb von diesen Einbrüchen nicht verschont, obwohl es den Sonderweg der persönlichen Verantwortung ging. Es habe, weiß sie aus Erzählungen, nur deshalb in Schweden keine Engpässe bei der Versorgung von Kranken gegeben, weil die anderen skandinavischen

Länder mit Material geholfen hätten. Vor allem Atemschutzmasken und Schutzanzüge, Desinfektionsmittel und Sauerstoff seien aus Finnland, Dänemark und Norwegen gekommen. All das wurde in den deutschen Nachrichten nicht erwähnt, auch nicht, soweit Ana das verfolgen konnte, in den schwedischen. „Überbenachrichtigt und unterinformiert" war der Titel eines Features in den Achtzigern des letzten Jahrhunderts, das bestätigte sich immer wieder.

Langsam kommen Szenarien, was nach Corona sein wird. Der STERN fragt in seiner Juli-Ausgabe: „Sonst nach was?" Das klingt so ähnlich wie: „Der eine fragt: Was kommt danach / der andere fragt nur: Ist es recht? / So aber unterscheidet sich / der Freie von dem Knecht." Wieder und wieder befindet Ana, sie wolle und müsse im Augenblick leben. Der aber möge, das wünscht sie sich, vorübergehen.

In einer Anzeige liest sie „Corona-Effekt" bei den Preisen für Einfamilienhäuser. Ja, und? fragt sie sich, was soll das nun wieder bedeuten? Sie schüttelt den Kopf.

Schlimm findet sie die Nachrichten über die Krawalle in Frankfurt. Wenn die Partyszene sich in die Öffentlichkeit verlagert, werden die moralischen Auswüchse deutlich. Ein Bild zeigte eine junge Frau in provozierendem Outfit, die eine Flasche auf Polizisten wirft. Offenbar eine blonde junge Frau, gesprochen wird aber vom Migrationshintergrund der Täter. So bleibt für den Zuschauer eine Information, die nicht relativiert wird. Deutlich scheint ihr auch hier

die Dekadenz unserer Gesellschaft: zu viel Individualismus, zu wenig Verantwortung. Oder, was sie früher oft zitierte: Zu viel Konsum, zu wenig Sinn.

Schlimm findet sie auch – es wird als Erfolg gefei-
ert – die Rettung der europäischen Wirtschaft durch
Billiardenbeträge. Die siebenundzwanzig Mitglieds-
länder, heißt es, hätten sich geeinigt. Das ist nur der
erste Schritt. Das Paket muss nun durch das Europa-
Parlament und alle Länder müssen darüber abstim-
men. Manch einer der anwesenden Ministerpräsidenten wird nur zugestimmt haben, weil er oder sie weiß,
dass das heimische Parlament ein Veto einlegen wird.
Man wird es hören!

Sie wendet sich der Natur zu, da kann sie – wenn
auch nur für Stunden – die missliche Gesamtlage vergessen.

Gegner werden beschimpft

Corona-Leugner

Verschwörungstheoretiker

Schwurbler

Aluhüte

Esoteriker

Verstrahlte

Verwirrte

Spinner

Leerdenker

Idioten

Verschwörungsgläubige

Covidioten

Nazis

Irre

Coronazis

Egoisten

Zeugen Coronas

Mörder

Wie ist denn die Gesamtlage, also die Lage hinter der täglichen Informationsflut, den Schnipseln aus Vorfällen, Studienergebnissen, politischen Statements, Befindlichkeiten, Forderungen, Vorschlägen und Gegenvorschlägen? Dazu die täglich auf den neuesten Stand gebrachten Zahlen samt Verlaufskurven und Balkendiagrammen: Anzahl der Infizierten von der Kreisebene über das Bundesland, die einzelnen Staaten bis weltweit. Dazu die kleinteiligen bis monströsen finanziellen Hilfspakete. Die ganze Infodemie.

Ich suche im Netz nach einer Darstellung der Gesamtlage aus einem anderen, umfassenderen Blickwinkel, nach einer nicht interessengeleiteten Analyse, einer klugen unabhängigen Deutung der Lage und ihrer Hintergründe. Natürlich werden massenhaft Bücher erscheinen über die Coronazeit, ich sehe sie schon auf Extratischen in den großen Buchhandlungen und auf den Bestsellerlisten, es fängt ja schon an, manche Autoren und Verlage sind eben flink. Und natürlich ist dieser mein Wunsch nach Durchblick verfrüht, wir stecken ja mittendrin und wer weiß, wie lange das noch andauert, kleine und große Wellen schwappen hin und her, mal hier, mal dort.

„Zeig nicht deinen Plan, zeige deine Ergebnisse!" las ich heute als Slogan an einem Sportstudio. Ha! Typisch neoliberale Selbstoptimierungs-Ideologie. Und wer, wie ich, keinen Plan und schon gar keine Ergebnisse vorzuweisen hat? Der zeigt sich am besten gar nicht, verkriecht sich besser in seinem Schneckenhaus. Sammelt nur still und heimlich den neuen Wortschatz – heute zum Beispiel kamen *Tagestouristenverbot, Zoom-Müdigkeit* und *ansteckungsverdächtig* hinzu – und bewundert wieder einmal die erstaunliche Fähigkeit des Deutschen zur kreativen Komposita-Bildung. Und ich kann froh sein, sage ich mir vor, dass ich nicht krank bin, keinen Unfall hatte, nicht rassistisch bedroht werde und keinen näher rückenden Waldbrand fürchten, dass hier keine Überschwemmung zu erwarten ist und keine Evakuierung, weil wieder mal eine Weltkriegsbombe entschärft werden muss, denn all das findet ja statt. Froh sein kann ich, freuen tue ich mich nicht darüber.

Aber wenigstens einen Plan hätte ich doch gern, denke ich jetzt, nur woher nehmen und nicht stehlen? Das erinnert mich an den Film – ja, gestern war ich seit einem halben Jahr zum ersten Mal wieder im Kino: „Berlin Alexanderplatz", die neue Version. Franz Biberkopf hatte einen Plan, der wollte ein guter Mensch werden, und es ist ihm nicht gelungen. Die Umstände waren nicht danach. Der Film war übrigens quälend lang und obendrein hat man der Geschichte ein peinlich-kitschiges Happyend verpasst. Damit der Zuschauer nach all dem Elend doch mit einem guten Gefühl nach Hause gehen kann und wiederkommt. Die neue Sitzordnung im Kinosaal hat mir aber gefallen, viel Abstand, ein ganz neues Raumgefühl.

„Wir sind noch mitten drin in der Pandemie", verkündet Herr Spahn. Aha, denk Ana, und: Wer hätte das gedacht! Es soll jetzt kostenlose Tests für die Rückkehrer aus dem Urlaub geben. Enge und die Berührung mit vielen Menschen, die man nicht kennt, erhöhen das Risiko. Abstandsregeln werden nicht eingehalten. Das Gespenst geht weiter um. Und noch immer fixiert man sich nur auf die Zahl der Infizierten. Anstatt zu benennen, wie viele intensiv versorgt werden müssen, das käme ihr einleuchtender vor. So wirkt es, als ob sie über jede Grippe informiert würde.

Das Virus wird uns lange begleiten, dämmert das eigentlich langsam allen? Wir bräuchten mehr Informationen zum Krankheitsverlauf. Ana las einen Vergleich zwischen Grippe und COVID-19. Die meisten Symptome sind gleich: Fieber, Husten, Schnupfen, Atemnot – nicht immer alle zusammen. Der Verlust des Geruchs- und Geschmackssinns kommt beim neuen Virus hinzu. Aber ist der bei Grippe nicht auch eingeschränkt? Und wann und bei wem kommt es zu der dramatischen Atemnot, die uns im März aufgeschreckt hat? Sportler berichten über Langzeitschäden, aber auch dazu fehlen verlässliche Aussagen.

Auch die Zahlen über die Höhe der ausgehandelten Hilfsgelder werden verkündet, als sei es der Preis für einen Liter Milch. Den könnte man einordnen: Eine Kugel Eis kostete einmal 20, 30, 50 Cent und kostet heute bei den Bio-Eismachern 2 Euro. Das kann der sogenannte kleine Mann überschauen. Aber wer kann einordnen, ob ein Hilfspaket der EU von 750 Milliarden zu viel oder zu wenig ist? Wer hat überhaupt eine Vorstellung von „1 Milliarde"? Eine Million, hm, das können wir noch in den Kauf eines Hauses umrechnen, einer schon recht luxuriösen Bedachung. Aber alles andere? Ist eine deutsche Milliarde in den USA eine Billion? Und wie viele Nullen hat die? Die Projekte, die Ana in Peru und Bolivien besucht hat, bilden für hunderttausend Euro fünfzig oder mehr Frauen aus, sodass sie ein eigenes Einkommen erwirtschaften können. Ein Projekt mit indigenen Frauen im Norden von Argentinien hat mit zehntausend Euro den Frauen eine Existenzgrundlage ermöglicht. Und hier in den ausbeuterischen Nationen werden die Gelder einfach so ausgespuckt, damit alles weitergehen kann. Und heuchlerisch wird gefragt, wie wir jetzt, nachdem uns die Pandemie einen Schrecken eingejagt hat, in Zukunft leben möchten. Einschränken! möchte Ana rufen: Alle müssen sich einschränken. Ihr Ruf wird in den Zweigen der Birken hängen bleiben.

Verstärkt wird für den Sommer mit Zielen im jeweiligen Land geworben: Die Österreicher sollen ihr schönes Heimatland genau so neu entdecken wie die Deutschen und Franzosen das ihre, die Norweger werden ermuntert, ihre Erlebnisse in unbekannten Gegenden des eigenen Küstenlandes zu suchen. Aber ängstlich wird bereits gefragt, ob denn die heimischen Kapazitäten ausreichen würden. Alles wird sehr ernsthaft vorgetragen, während die ersten Urlaubsheimkehrer aus den südlichen Ländern mit Tests und Quarantäne rechnen müssen.

Die humorvollen Tweets und Videos der ersten Wochen sind ziemlich verstummt. Die ersten Bücher mit den zum Roman aufgeplusterten Human-Interest-Storys sind wohl schon im Druck. Lisa wünscht sich die „ganzheitliche Sicht", eine Einschätzung der „Gesamtlage" aus einem anderen Blickwinkel. Ana seufzt. Wozu? Es gibt ja nur entweder Zahlen oder das menschliche Einzelschicksal.

Ihres wird überschattet von der persönlichen Familiengeschichte. Die Tochter hatte einen Unfall und so bricht sie ihr freiwilliges Exil ab, sie wird jetzt an anderer Stelle gebraucht, wird all die Nachrichten nicht mehr nur von fern inmitten der Wälder verfolgen, sondern eher auch mal von dem ein oder anderen hören, der oder die tatsächlich jemanden kennt, der oder die infiziert ist. Im Krankenhaus in Rostock ein hektisches Kommen und Gehen, niemand ohne Mund-Nasen-Schutz, Hinweise auf den Abstand und zusätzliches Personal für die Anweisungen, wer wo entlanggehen darf. Deutlich wird hier, wie verletzlich das Leben ist.

Alles nur noch digital?

Corona-App

Videoschalte

Zoom-Konferenz

Zoom-Müdigkeit

Distanzunterricht

Digitales Lernen

Hybridunterricht

Online-Registrierung

Online-Ticket mit Zeitfenster

Online-Angebot

Click and collect

Click and meet

Digitale Reiseanmeldung

Bargeldlose Zahlung

Nachdem die Nachrichtenlage zu Corona eine Weile recht flau war – immer weniger Fälle, keine Sensationen –, gibt es nun wieder reichlich Futter für die Berichterstatter. Die Meldungen und Berichte allerdings unterscheiden sich kaum voneinander in den „Qualitätsmedien", Leit- oder Leidmedien, immer der gleiche Fraß wird da zusammengerührt: hier eine wilde Party junger Leute, eine Demo, dort eine Trauerfeier, wieder ein Schlachthaus, ein landwirtschaftlicher Betrieb, eine Schankwirtschaft. Und natürlich die Urlauber, die nun aus dem Ausland zurückkommen, unter denen der eine oder andere (heute offenbar nur zwei?) das Virus mitgebracht haben. Alle Rückreisenden aus „Risikogebieten" erwartet diese Woche ein Pflichttest nach der Ankunft. Wieder so ein sinnfreier und zudem verspäteter Aktionismus, der die Inkubationszeit nicht berücksichtigt. Und zudem suggeriert, dass alles Übel von außen kommt, von jenseits der Grenzen.

Ähnlich die Maskenpflicht an Schulen, die den Aspekt der praktischen Durchführbarkeit außer Acht lässt. Sind alle Schüler plötzlich zu Musterschülern geworden, die den Anweisungen brav Folge leisten? Und wenn nicht, wie wird das dann sanktioniert?, fragte ein Interviewer. Ermahnungen, sagte ein Bildungssenator, und wenn das nicht fruchtet, dann eben Ausschluss vom Unterricht. Ha ha, nach fünf Monaten zwangsweisen Ausgeschlossenseins vom Unterricht droht nun der Ausschluss als Strafe? Das alles wirkt hilflos, nicht durchdacht. Zum Glück habe ich mit alledem nichts zu tun, beobachte nur, zunehmend gelangweilt. In Berlin gibt es zurzeit ca. 400 „positive Fälle", zirka 40 davon im Krankenhaus, von denen 18 in Intensivbehandlung, also 18 tatsächlich schwer Erkrankte – und das bei 3,83 Millionen Einwohnern – ein Missverhältnis.

Nach einigen Tagen Corona-Überdruss, Informations- und Denkmüdigkeit nehme ich heute, durch die offiziellen Zahlen belegt, diesen Vergleich zur Kenntnis: „Statistisch ist die Gefahr, bei einem Sturz ums Leben zu kommen, in diesem Sommer 15-mal so groß wie die Gefahr, an Covid-19 zu sterben." Also besser auf keine Leiter steigen, die Staubfäden an der Decke lassen, die Fenster nicht putzen, die kaputte Glühbirne nicht austauschen... Sinnvolle Präventionsmaßnahmen. Auch anderes, was zu tun wäre, lasse ich bleiben, obwohl da keine Gefahr für Leib und Leben droht: Papierkram ordnen, Rechnungen bezahlen, Mails beantworten... Lahmheit nimmt zu. Fatalismus macht sich breit. Ein paar heiße Tage sind angekündigt, also könnte es doch noch ein bisschen Sommer geben dieses Jahr?

Apropos Fatalismus: Das ziellose Dahinleben, der Mangel an Plänen bestand ja schon vor der Pandemie. Die durch die Maßnahmen hervorgerufene Starre und Lähmung schuf aber vorübergehend einen plausiblen Grund dafür, sozusagen eine Billigung von außen, die das tatenlose Verharren rechtfertigte. Nur ruhig abwarten, das alles geht schon bald wieder vorüber. Ein

Irrtum. Nun wächst die innere Unruhe, das Sich-Fügen in die beschränkenden Maßnahmen stellt sich als Vorwand heraus, das eigene Problem nicht anschauen, nicht angehen zu müssen: Was tun?

21 – Ana in Rostock

Ja, fein! Nun also war sie wieder mitten drin in der deutschen Realität. Ana verfolgte das Geschehen allerdings nur am Rande. In der Hauptsache war sie mit dem Haushalt der Tochter, der Versorgung der Katzen und als Fahrdienst zur Physiotherapie beschäftigt. Das, was sie hörte oder wahrnahm, wurde immer absurder. Tausende demonstrierten in Berlin ohne den Sicherheitsabstand, häufig ohne Masken – ein Konglomerat aus Menschen, die ihre Persönlichkeitsrechte beschnitten sahen, aus Leugnern der Pandemie, aus Verschwörungsfanatikern und vielen Mitläufern, die sonst nichts zu tun hatten. Die Polizei beobachtete die Demonstration, im Netz kursierten Zahlen von 500 000 Teilnehmerinnen, Luftaufnahmen zeigten viele, aber nicht so viele.

Absurd wirkte die Meldung aus Paris, dass nun auch im Freien ein Mund-Nasen-Schutz getragen werden müsse. Viele Gedanken über die Sinnhaftigkeit dieses Schutzes konnte man in den sozialen Medien, in den Nachrichten, in Videos verfolgen; scheinbar hatten viele, sehr viele Menschen eine Ahnung, wie dieser Schutz wirkte bzw. nicht wirkte. Ana hielt sich an die Vorschrift, in den öffentlichen Verkehrsmitteln und beim Einkauf so eine Maske zu tragen. Sie wusste, wie oft sie zufällig niesen musste und wie oft beim Reden außer Worten auch Tröpfchen aus ihrem Mund kamen.

Bei dieser Mund-Nasen-Bedeckung bedrückte sie die Tatsache, dass es bei heißem Wetter – ein Sommerhoch brachte täglich über dreißig Grad – mit dem Atmen problematisch wurde. Die Luft wurde nur wenig oder gar nicht ausgetauscht, man atmete die eigene verbrauchte Luft erneut ein. Wie leicht konnte es da zu einer Sauerstoffknappheit kommen? Hatten die Verhänger dieser Pflicht das berücksichtigt?

Die Zahlen sagten wenig aus und wurden kommentiert: über tausend Infizierte in der Wochenmitte, am Sonntag und Montag nur wenige – weil die Gesundheitsämter am Wochenende die Zahlen nicht melden können. Und dann dieser R-Faktor, der unter eins liegen soll und es auch tut, trotzdem die Panik: Eine zweite Welle kommt auf uns zu. Die Minister sprachen sich gegen analoge Fußballspiele aus – der Volkssport und die Volksdroge Fußball sind weiter in den Schlagzeilen.

Der schwedische Epidemiologe Tegnell äußerte Zweifel an der Wirksamkeit der Masken. Aber Schweden mit seinem Sonderweg wurde sowieso in den Medien zaghaft kommentiert. Wer konnte schon wissen, welche Maßnahmen sich als wirksam erweisen würden?

Ein Zurück zu dem, was war, kann es nicht geben. Verstärkt trafen Nachrichten von Freunden aus Nepal, Bolivien und Peru ein. Sie hatte seit Februar darüber gelesen, aber mit diesen persönlichen Nachrichten wurde es ihr erst richtig bewusst: Zu viele müssen leiden! Nepal hatte jeglichen Tourismus gestoppt. Die Freunde, die als Führer gearbeitet haben, sind arbeitslos, halten sich mit ihren Familien irgendwie am Leben. Die vielen kleinen Geschäfte im Tamel-Viertel sind geschlossen, das heißt für all die kleinen Angestellten ebenfalls Arbeitslosigkeit. Die Lodges sind ohne Gäste, die Tscherpas brauchen nichts zu tragen, die Erlaubnis-Pässe für die Nationalparks werden nicht erteilt. Zu viele haben Job und Einkommen verloren! Hinzu kommt, dass die Arbeiter aus den Arabischen Emiraten, aus Europa und den USA nach Hause zurückkamen und so auch von denen kein Einkommen mehr kommt. Besinnung auf das Wesentliche? Eher ein zähes Ringen ums Überleben.

In den entfernten Dörfern in der Cordillera Central und in den kleinen Gemeinden auf dem Altiplano geht das Leben zwischen Kartoffeln, Quinoa und Lamas weiter – aber in den Randzonen der Städte, zum Beispiel in Cochabamba, Oruro, Juliaca, spielen sich dramatische Szenen ab. Die Kriminalität wächst, die Gewalt schlägt hohe Wellen, junge Männer, die nicht wissen, was sie mit ihrer Wut, ihrer Lebensgier, ihrer Bereitschaft zum Tun machen sollen. Wohin mit dem Potenzial? Ana – und alle um sie herum in Deutschland – befinden sich in einer Situation der Sicherheit. Selbst die viel zitierte alleinerziehende Mutter mit zwei Kindern kann auf staatliche Unterstützung hoffen, auf jeden Fall würden alle im Falle von Krankheit behandelt.

Soll Ana etwas spenden? Was und für wen? Deutlicher denn je wird ihr das ausbeuterische System bewusst. Immer mehr Wohlstand und materielle Güter im Norden zu Lasten der Länder im Süden – Afrika hat sie noch gar nicht genannt. Da helfen doch nicht hundert oder tausend Euro, die sie vielleicht übrig hat. Ja, einer einzelnen Familie könnte sie so vielleicht über eine kleine Zeit helfen, aber wie ist das mit dem Viertel, in dem die Leute wohnen? Also besser, einer Organisation ihres Vertrauens etwas zukommen lassen. Oder sich erneut in der Politik für Umverteilung einsetzen? Kann sie den Kampf gegen korrupte Regierungen unterstützen? Ach, die alte Hilflosigkeit kommt zurück und lähmt alle Aktivitäten.

Meistgelesener Spiegel-Artikel heute, 13. August: „Bad Reichenhall – Elfjährige von Kreuzotter gebissen". Auch die Kommentarfunktion wird eifrig genutzt. Was will uns das sagen? Es gibt noch Nachrichten jenseits von Corona und jenseits der großen Horror-Szenarien wie Attentate, Kriege, Dürre, Brände, Hunger, Korruption, Polizeigewalt. Auch diese Meldung birgt Empörungspotenzial: Seht her – die Schlange, Sündenbock seit Paradieses Zeiten, beißt selbst unschuldige Mädchen, nun tut endlich mal was! Oder, positiv betrachtet: Es gibt, zumindest in Bayern, noch intakte Naturräume, in denen seltene Schlangen sich tummeln können. Oder, regierungskritisch gewendet: Wie steht es mit Schutzkonzepten gegen Schlangenbisse, Herr Spahn? Hat man da etwa versäumt, Maßnahmen zu treffen, und wann wird das bitteschön nachgeholt?

Corona und kein Ende... Die Infizierten-Zahlen steigen wieder. Die Testzahlen auch. Beides wird nicht ins Verhältnis gesetzt. Aber den russischen Impfstoff, der gerade vorgestellt wurde, will man nicht, da könnte Putin reingespuckt haben, der ist bäh. Die westliche Pharmaindustrie wird „schnell" einen eigenen, viel besseren auf den großen Markt bringen, heißt es als Trost. So lange Geduld bitte, und die Maske immer über der Nase tragen, nicht runterziehen bei Atemnot! Denn dann ist man nicht solidarisch. Solidarität ist jetzt nämlich angesagt, das war sie lange nicht, jetzt aber doch! Solidarität mit den

Älteren und Hochbetagten und Vorerkrankten und den lieben Nachbarn und Mitmenschen überhaupt und natürlich, vor allem, mit den Regierungspersonen und ihren Entscheidungen und dem Wirtschaftssystem, das sie repräsentieren. Die Ellenbogengesellschaft ist also out, zumindest suspendiert, bis die Wirtschaft wieder Fahrt aufnimmt und die Wachstumsraten steigen wie eh und je. Jetzt aber, in Bezug auf das Virus – und nur darauf bitte – solidarisch sein, Leute, das ist doch ein schönes Gefühl. Und diejenigen verachten und verteufeln und denunzieren, die es offensichtlich nicht sind, denn das ist auch ein schönes Gefühl.

Kurioses am Rande: Ein Brandenburger Schulleiter wird vom Dienst suspendiert, weil er die Maskenpflicht an seiner Grundschule nicht umsetzten will. Einer vom Corona-Testpersonal in Bayern ist selbst infiziert und wird samt Kontaktpersonen nach Hause geschickt. Am Flughafen Tegel randaliert ein testwilliger Reise-Ankömmling, weil er „nicht berechtigt" ist, am kostenlosen Test teilzunehmen. Das Corona-Alphabet wächst weiter. Die „neue Normalität", zunächst ein kritisch hinterfragter Begriff, wird nun ganz selbstverständlich affirmativ benutzt und wir sind aufgerufen, uns daran zu gewöhnen, dass das alles „normal" ist und bleiben wird.

Präsenzplätze. Ein neues Wort. Veranstaltungen können stattfinden, geteilt in Online- und Präsenzteilnahme. Für eine solche, die sich mit Demokratie in der Bildung befasst, bietet die veranstaltende Friedrich-Ebert-Stiftung Ana einen Platz im Auditorium an. Sie verzichtet. Auch die Wikimedia-Damen teilen die vierzehntägige Sitzung in Präsenz oder online. Frau kann so oder so teilnehmen.

Ein Freund kann mit dem Erasmus-Programm ein Jahr in Spanien studieren. Wird er ausreisen können? Alles ist offen, in ein paar Tagen kann alles schon wieder anders sein. Wegen der hohen Infektionszahlen schließt Finnland seine Grenzen – das gilt auch für Deutsche.

Das ist ein kluges Virus: In Bars und Restaurants kann es angreifen, auf privaten Feiern und im Kino auch, aber nicht nachts und auch nicht, wenn kein Alkohol getrunken wird. Oder wie war das jetzt? Blickt noch jemand durch? „Erkundigen Sie sich, bevor…" Je nun, bevor was denn? Die Kinder stecken ihre Großeltern an: „Willst du etwa schuld am Tod deines Opas sein?"

Ana behält jetzt auch oft in der Öffentlichkeit den Mund-Nasen-Schutz auf, weil man nicht immer in zwei Meter Abstand an anderen Leuten vorbeikommt. Äh? Oder waren es nur eineinhalb Meter? Egal! Bei so viel Hin und Her ist das Lachen unvermeidlich: Hahaha! Es fällt nur ein bisschen laut aus. Brav füllt sie in der Bücherei und in einem Café den Anwesenheitszettel aus, in der Eisdiele muss sie das nicht, die gilt nicht als geschlossener Raum. Überall Streifen auf den Fußböden, Pfeile zeigen die Gangrichtung an. An der Supermarktkasse hält man den vorgezeichneten Abstand ein. Dagegen läuft der Betrieb in Gartenrestaurants fast normal.

In den Medien verblassen die Nachrichten. Es wird außer über Katastrophen wie die Explosion in Beirut auch wieder über Hongkong und natürlich über alle anstehenden Wahlen gesprochen und geschrieben. Lukaschenkos letztes Aufbäumen in Weißrussland, die Annäherung der Saudis an Israel, der Konflikt der Türkei mit der EU wegen der möglichen Gasvorkommen in strittigen Gewässern. Aber wohin sie schaut, sieht Ana nur eine unbestechliche Natur und eine böse Machtgesellschaft. „Optimismus ist Mangel an Information", liest sie und weiß, dass die Zukunft voller Dystopien ist. Kein Ort. Nirgends. Aber das hatten wir auch schon. Nichts Neues also unter der Sonne. Wir leben, wenn auch im Bewusstsein, dass dieses Leben fragil ist.

Die Maske wird bleiben als DAS Symbol dieser Coronazeit. Wie das Hakenkreuz für die Nazizeit, wie das Atomkraft-nein-danke-Zeichen für die Achtziger. Ein Symbol, das polarisiert: Manche lieben sie, manche hassen sie, manche tragen sie halt, wo vorgeschrieben, geben sich indifferent. Sie schütze, sei ein probates Mittel, sagen die einen, ein völlig untauglicher Lappen sei sie, sagen sie anderen. Ein Segen – eine Zumutung. Den einen gilt sie als Zeichen des gehorsamen Untertanen, den anderen als Beweis für rücksichtsvolles Verhalten. Ihr Nutzen ist nicht erwiesen, dennoch ist sie Anlass, Menschen, die sie korrekt tragen, zu loben und solche, die sie nicht oder nicht richtig tragen, zu beschimpfen, zu verachten und zu bestrafen. Die Maske spaltet. Bis vor kurzem war es verpönt, sein Gesicht zu verdecken, auch nur die Haare zu bedecken wurde als Angriff auf die eigene Kultur empfunden, mit Kopftuchverbot sanktioniert – jetzt ist es umgekehrt. Ein krasser kultureller Wandel, von oben verordnet, von wenigen hinterfragt.

Wozu dient die Maske? Zur Ablenkung, vermute ich. Man hat kein probates Mittel gegen das Virus, also fixiert man sich auf ein unprobates, egal. Die Debatte verengt sich auch sonst. Jeder infizierte Lehrer, jede nach Hause geschickte Lerngruppe, jede Hochzeitsgesellschaft, bei der sich mutmaßlich jemand infiziert hat, jede „illegale" Party, auch wenn sich bei der mutmaßlich niemand infiziert hat, ist eine Meldung wert, um das Heranschwappen der prognostizierten „zweiten Welle" zu illustrieren. Die Medien werden geflutet mit diesem Kleinkram, der dazu dient, die Angst aufrecht zu erhalten, während die wichtigen Fragen nicht erörtert werden: Was ist kulturell, gesellschaftlich, ökonomisch jetzt anders als vor einem halben Jahr? Wie ist das zu bewerten? Was läuft da schief? Will man das so? Wenn nicht, was ist zu tun? Was läuft hinter den Kulissen? Da läuft ja einiges. Da werden doch Interessen verfolgt im Schatten der Pandemie, Interessen gibt es immer. Groß herausgestellt wird nur, was eine weitere Polarisierung fördert: Belarus, das hier nie jemanden interessiert hat, ist plötzlich ein großes Anliegen, ein wahrscheinlich vergifteter, vielleicht auch nicht vergifteter russischer Dissident ebenso. Eine gute Zeit, um Feindbilder aufzubauen, gründlich und penetrant – das macht mir Angst.

Hoppla – gerade lese ich, dass München ein Alkoholverbot verhängen wird, wenn die Infiziertenzahlen weiter steigen: Nach 21 Uhr darf dann kein Alkohol mehr verkauft und nach 23 Uhr keiner mehr „im öffentlichen Raum" konsumiert werden. Ja klar, das Virus kann die Uhr lesen und lässt die Leute, die sich tagsüber besaufen, in Ruhe. (Wie viele Alkoholtote gibt es überhaupt jedes Jahr? Müsste man da nicht…) Auch die ausgelassen grölenden Bayern-Fans vor dem Stadion verschont es ja, wie man sehen konnte, und bald wird auch wieder Publikum in die Stadien gelassen. Brot und Spiele. Brot vielleicht nicht für alle, aber Spiele! So großzügig ist man, das bringt Sympathiepunkte. Vielleicht schließt man dann die Kirchen wieder als Ausgleich. Oder die Schulen. Die sind ja auch nicht sooo wichtig, es gibt ja Geld für Digitalisierung. Und den Karneval über Zoom laufen lassen, warum denn nicht, ganz ausfallen lassen wäre keine Option, die Wählerstimmen bringt.

Hoffnung auf Öffnung =

Höffnung

Im wievielten Monat der Pandemie sind wir eigentlich, fragt sich Ana, der die Zeit entgleitet. Es gab schon kalte Tage, an denen sich der Herbst ankündigte, der Garten riecht bereits entsprechend. Hatten wir nicht immer schöne Tage im September an der Ostsee? Das Wasser noch warm, die Sonne zumindest über Mittag wenn nicht bräunend so doch wärmend. Die Tage kürzer werdend, aber noch nicht dunkel. Sie nimmt die Jahreszeit in diesem Jahr anders wahr. Was eigentlich hat sich verändert? Der Mund-Nasen-Schutz allein macht doch das Gefühl der Bedrohung nicht aus – oder doch? Es gibt große Plakate: „Die Pandemie betrifft uns alle – einige trifft sie mit voller Faust." Ja, das mag wohl sein, zumindest berichtet ein Prominenter, den Namen hat Ana vergessen, über seine Erkrankung an Covid-19 und wie es war, plötzlich um Luft zu ringen. Ana war einmal etwas unglücklich eine Partybank auf die Brust gefallen, kurzfristig hatte sie keine Luft bekommen, ja, das war beklemmend gewesen und sie hatte sich gefühlt, als ob sie sterben müsste. Den jetzt Erkrankten steht wohl eine Atemmaske zur Verfügung und die dürfte helfen, wenn nicht gravierende Vorerkrankungen eine Heilung sowieso unwahrscheinlich machen.

Doch, doch! Ernst nehmen musste man die Infektion mit diesem Virus schon. Auch die Verbreitung auf Familienfeiern oder anderen Events. Offenbar hält sich das Virus bei Demonstrationen zurück. Oder die Infizierten sind schon wieder zu Hause, und dann war die Ansteckung eben nicht auf der Demo, sondern irgendwo anders. Auch diese Demonstrationen sind für Ana nicht nachvollziehbar: Wollen die Leute die Verantwortung für Krankenhäuser und für eventuell schwere Erkrankungen übernehmen? Ihr erscheinen sowohl die Diskussionen der Politiker als auch die Kritik an den Maßnahmen eher hilflos. Wer keine Ahnung hat, sollte besser den Mund halten. Oder sich mit besseren Ideen einbringen. Auch Schweden wird nach wie vor wegen der in Kauf genommenen Toten – vor allem in den ersten zwei Monaten in Alten- und Pflegeheimen – scharf beobachtet und kritisiert. Und dort gibt es keine Pflicht für irgendwelche Maßnahmen, sondern nur das Verbot für Veranstaltungen mit über fünfzig Personen und Hinweise auf Abstandsregeln und Hände waschen und man sollte sich testen lassen, wenn man Zweifel hat.

Es bleibt ein Dilemma. Und Ana ist brave Staatsbürgerin und zieht den Mund-Nasen-Schutz dort auf, wo er verlangt wird: in öffentlichen Verkehrsmitteln, beim Einkauf und beim Betreten eines Restaurants, bevor sie an ihrem Platz sitzt. Immerhin darf man ins Restaurant gehen, man darf reisen, man darf überhaupt fast alles.

Etwas anderes bewegt sie mehr: Nach der political correctness kommt nun die culture correctness und die identity correctness. Also wird es immer schwieriger, sich so auszudrücken, dass sich nicht irgendjemand diskriminiert, ausgegrenzt oder angegriffen fühlt. Kabarettistinnen und Kabarettisten werden ausgeladen, weil einer Minderheit auf Twitter ein Spruch nicht gefällt, Politiker werden beschimpft und bedroht und ein Gericht entscheidet, ob und wann die Persönlichkeitsrechte verletzt wurden, Bücher werden kritisiert, die aus der Sicht einer Person verfasst sind, die einer anderen Kultur oder Glaubensgemeinschaft angehört. Nicht der Inhalt oder der Stil werden durchleuchtet, sondern die Anmaßung, aus der Perspektive eines/einer anderen zu schreiben. Befremdlich. Jahrhundertelang haben Männer auch aus der Perspektive von Frauen geschrieben, jetzt dürfen sie nicht mehr aus der Perspektive von Angehörigen eines anderen Kulturkreises schreiben. Eine durchaus beklagenswerte Entwicklung. Die aggressive „Mimosen-Kultur" von rechts und links prangert die Erbse an, die die Prinzessin auch durch zwölf Matratzen noch spürt. Keine Geduld – mit niemandem! scheint die Parole des Zeitgeistes zu sein.

Dabei ist zu spüren, dass Konsens kaum noch herzustellen ist. Vieles, was „uns", also der Gruppe von mäßig Intellektuellen und in der oberen Mittelschicht Beheimateten, jahrelang – zumindest seit dem Ende der 1970er-Jahre – auf eine gewisse Art als Konsens erschien, ist in Auflösung begriffen. Für Ana ist es schon längst das Ende der Vorherrschaft der technisch-westlichen Welt, für andere bedeutet es den Untergang schlechthin, gegen den sich Gruppen wehren, was eine vergebliche Anstrengung ist.

Konsens! Kaum noch herzustellen. Ein wichtiges Buch erscheint, wird Spiegel- oder Sowieso-Bestseller und verschwindet wieder, landet bei den Remittenten auf dem Grabbeltisch. Hopp- und Ex-Literatur zuhauf, inzwischen werden die Schmonzetten nicht nur von Frauen in der Reha gelesen, sie werden von unendlich vielen Schriftstellerinnen in der immer gleichen Machart auch geschrieben. Vielleicht gibt es jenseits der Tagesthemen und der Tagespolitik so etwas wie eine kollektive Romantik, eine kollektive Lust an der Human Interest-Story oder am alltäglichen Verbrechen, das bitte schön mit der Aufklärung nach neunzig Minuten enden soll. Flach, flacher am flachsten – Ana schwimmt auch nicht nur in den klaren Wassern der Aufklärung. Sie ist ja Teil des Zerfalls und weiß darum. „Was zählt, ist das Tun", schreibt sie in ihr Tagebuch und weiß, dass das Nichts-Tun genau so akzeptabel ist.

Die Ereignisse überstürzen sich: Jetzt gehen einige Zehntausend gegen die Maßnahmen im Zusammenhang mit der Pandemie auf die Straße. Was vor einigen Jahren als Linken-Terror bei den Mai-Demos zu beobachten war – vor allem Angriffe auf die Polizei, die die Staatsgewalt verkörpert –, wird jetzt von einer Gruppe rechtsextremer Demonstranten vorgeführt. Und dazu wird „Schluss mit der Merkel-Diktatur skandiert" – das ist sehr schwer erträglich. Macht doppelt hilflos, weil ja auf so viel Frechheit keine Antwort zur Verfügung steht. Namentlich festhalten, vor ein Gericht zerren, eine Straftat nachweisen? Ja, es ist Volksverhetzung. Dennoch wird auch diese Aktion von jungen Leuten, die nach „action" lechzen, sicher genutzt werden, um mitzulaufen, mitzuschreien. Die

Demokratie als ungenügende, aber beste Staatsform zu verteidigen, ist mühsam und kommt nicht mit Geschrei daher. Etwa drei- oder vierhundert Menschen haben die Treppe des Reichtages gestürmt, verbotene Flaggen geschwungen, sind in die Medien gekommen. Jetzt fragt man: Wie konnte das passieren?

Schwedischer Sonderweg

Italienische Verhältnisse

Englische Mutante

Chinavirus

Oh, da gibt es nun doch einiges zurechtzurücken, auch wenn es heutzutage Bauchweh bereitet, wenn man dem Mainstream etwas entgegenhalten möchte, denn das passt nicht in die oben von Ana kritisierte Konsens-Kultur der politischen correctness. Alle „Leitmedien" stellen diesen kurzen Ansturm von Rechten auf die Treppe vor dem Bundestagsgebäude ganz groß heraus und ignorieren den selbst nach Polizeiaussagen friedlichen Protest von einigen Zehntausend unzufriedenen Bürgern verschiedenster Couleur fast ganz. Diese Rechtsextremen/Reichsbürger halten ihre angemeldete „Mahnwache" seit Wochen (vom Innensenator genehmigt) direkt vor dem Parlamentsgebäude ab und haben mit den Demo-Veranstaltern vom 29.08. direkt nichts zu tun. Diese Mahnwache hätte man verbieten können, wenn man denn gewollt hätte. Dass die AFD bei den Protesten mitmischt, ist ja klar, opportunistisch geriert sie sich als die einzig verbliebene Oppositionspartei. Sie sitzt in allen Parlamenten, leider, und auch dagegen hat man noch kein Mittel gefunden.

Den Demo-Veranstaltern von Stuttgart 711 ist vorzuwerfen, dass sie recht naiv ihr Ding durchziehen und sich um die zunehmende Unterwanderung von rechts bisher nicht geschert haben. Diese „Offenheit nach allen Seiten" ist fatal, ignoriert und unterschätzt die Strategien und Taktiken der rechten Ideologen; aber vielleicht ändert sich das jetzt ja? So kam dieser Ansturm auf die Treppe den Regierenden gerade recht, wenn sie nicht gar durch Provokateure (auch mit denen ist an solchen Tagen zu rechnen) verursacht wurde, was ich nicht annehmen mag, was aber durchaus möglich wäre. Klar ist: Die rechte/ultrarechte Szene drängt sich hinein in eine heterogene, unpolitische Bewegung, die sich dagegen nicht zu wehren weiß. Mit Slogans wie „Liebe" und „Wahrheit" und Peace-Fahnen ist denen nämlich nicht beizukommen.

Aber andererseits: Soll, wer die Verweigerung jedweder Debatte nicht weiter hinnehmen will, deshalb auf öffentliche Kundgebungen verzichten und brav und stumm zuhause bleiben? Die eigene Sache absagen, wenn auch andere dazu mobilisieren? Wie diejenigen abwehren, die sich anschließen? Denn das wird ja verlangt. Praktisch ist das nicht durchzuführen, außer, man gibt selbst auf. Dann haben die Rechten allemal gewonnen und darüber hinaus den Debatten-Verweigerern einen guten Dienst erwiesen. Die moralische Empörung über Treppensturm und Flaggen schwenkende Ewig-Gestrige lenkt ab von lange vernachlässigten strukturellen Problemen: unbefriedigende Aufarbeitung der NSU-Morde, rechte Seilschaften in Teilen von Polizei und Militär, Morddrohungen, Lübke-Mord, Verbrechen von Halle und Hanau. (Die schwarz-weiß-rote Reichsflagge ist übrigens nicht verboten, sofern sie kein Hakenkreuz enthält.)

Tendenziös ist die Berichterstattung allemal gewesen, vorher und nachher, Tatsachen werden verdreht, zum Beispiel wenn behauptet wird, die angereisten Protestierer seien den Nazis hinterhergelaufen. Nein, die Nazis infiltrieren solche Massenveranstaltungen systematisch. Diesen rechten Sumpf hat man jahrzehntelang ignoriert. Und jetzt ist eine unübersichtliche Gemengelage entstanden. Jetzt bräuchte es zunächst einmal die Bereitschaft zu erklären, zu differenzieren, transparent zu machen, was da wirklich los ist, wie es Stephan Detjen vom Deutschlandradio versucht hat: Andersdenkende (Anthroposophen, besorgte Eltern, finanziell ruinierte Soloselbstständige, kritische Geister, Heilpraktiker, Hippies, Rentner etc.) pauschal als Idioten lächerlich zu machen, sie moralisch als Egoisten und politisch als Rechte zu diffamieren und den Diskurs mit ihnen zu verweigern, hilft da nicht weiter, ist kontraproduktiv.

Wer gibt ihnen Antwort auf ihre sehr berechtigten Fragen? Die Spaltung schreitet also voran. Das ist die „neue Normalität", und die hat nicht nur mit Corona zu tun, das geht schon länger so und verhindert offene Auseinandersetzungen, Kompromisse, Konsens.

Andere Ebene, andere Sphäre: die Schlingensief-Dokumentation, die ich heute Abend gesehen habe. Auch da gab es etwas zum Thema, obwohl der Mann schon 2010 gestorben ist. Als Provokateur wurde er empfunden, alles sei ja nur „Inszenierung", wurde ihm angekreidet, ohne seinen Trick zu durchschauen, den er sinngemäß so erklärt hat: Indem er diese Inszenierungen (z. B. den Flüchtlingscontainer in Wien) veranstalte, wolle er das, was sich auf der politischen

Bühne abspielt und sich für „die Wirklich-
keit/Wahrheit" ausgibt, als Inszenierung entlarven.
Ich glaube, nur wenige haben das verstanden.

Soll, wer die Verweigerung jedweder Debatte nicht weiter hinnehmen will, deshalb auf öffentliche Kundgebungen verzichten und brav und stumm zuhause bleiben?

Ist Ana brav und stumm? Ja, das trifft es wohl, denn sie diskutiert zwar mit, hört sich aber nur bei den immer gleichen Bekenntnissen zu: Sie sei froh, keine Verantwortung zu haben, sie habe Respekt, aber keine Angst, der Mund-Nasen-Schutz schütze andere vor ihren Schnupfen- oder sonstigen Viren.

Nur wenige Tage ist sie in Berlin, dann folgt die lang geplante Reise mit dem Freund. Lang geplant waren die USA – aber schon im März war klar gewesen, dass diese Reise auch in diesem Jahr ausfallen würde. Wohin also? Was tun mit den zehn freien Tagen, die der Freund hat? Die Schweiz? Frankreich? Wo waren die Infektionszahlen wieder besonders hoch? Wo gab es Reisewarnungen? Sollte, konnte man in diesem Spätsommer überhaupt verreisen? Wie würden die Gegebenheiten unterwegs sein? Auch Ana kommt nicht umhin, die große allgemeine Verunsicherung nicht nur zur Kenntnis zu nehmen, sondern sich einzugestehen, dass diese Verunsicherung massiv in ihr Leben eingegriffen hat – sie wäre sonst nicht so lange in Schweden geblieben – und mit dieser Reiseplanung weiter eingreift. Aber sie ist gefahren, per Auto durch die Republik, hat Freunde getroffen, überall über Corona geredet. Mehr oder weniger informieren sich auch die Freunde über die Zahlen, mehr oder weniger stellen sie die Maßnahmen der Regierung in Frage, mehr oder weniger halten sie sich an die Vorschriften. In Wesseln fand eine Präsentation statt: „Kristallkeramik im Rosengarten". Fünfundsiebzig Besucherinnen kamen, mussten Namen und Telefonnummer aufschreiben, Mund-Nasen-Schutz war nicht nötig, denn das Event fand im Freien statt, für die persönliche Sicherheit war jeder selbst verantwortlich. Ohne weitere Hinweise hielten die Gäste Abstände ein.

Beim Zauberer in Ludwigshafen hörte sie die Klagen wegen der fehlenden Auftritte und die damit verbundenen Einschränkungen der Lebensführung, ein kleiner Zuschuss vom Staat half über die erste Zeit und langsam findet der ein oder andere Auftritt wieder statt. Von Aufatmen kann für die Kleinkunst keine Rede sein. Ja, die Krise ist da. Sie trifft die Menschen unterschiedlich hart und Ana ist sich sicher, dass es im Herbst und Winter schlimmer werden wird, dass die Wirtschaft sich nicht so erholt, wie die ersten Überbrückungsgelder es glauben machen sollten.

Kein Zweifel: Sie bleibt besorgt.

Dieser Sommer liegt in den letzten Zügen und zeigt noch mal, was er kann. Noch ein zwei Tage, dann wird er zu Ende sein. Auf den Corona-Sommer wird der Corona-Herbst folgen, der Corona-Winter, schniefende Nasen und Hustenanfälle all überall. Milde Verläufe, schwere Verläufe? Wer weiß… Politiker und Mainstream-Medien warnen wieder eindringlich in konzertierter Aktion und die kritischen Stimmen, die es zunehmend auch gibt, werden weiterhin unterdrückt. Ja, wenn eine ebensolche Kampagne unter dem Motto „Leben retten" einmal veranstaltet würde gegen die Massentierhaltung, Herstellung, Handel und Verzehr von Produkten aus dieser in ethischer, gesundheitlicher und umweltpolitischer Hinsicht fatalen Fehlentwicklung... Das könnte dann ja auch gut funktionieren... Aber dazu wird es nicht kommen, zu groß sind die Profitinteressen, zu fest verankert ist die kulturelle Konditionierung. Auch Tiere wollen leben, artgemäß leben, wollen nicht vor der Zeit getötet werden. Schon dem menschlichen Leben jenseits der Außengrenzen wird ja nicht das gleiche Recht eingeräumt, da geht es nicht ums Retten und Schützen, sondern ums Aussperren, da irren die Schiffe der Hilfsorganisationen wochenlang umher auf der Suche nach einem Hafen, der die Geflüchteten aufnimmt. Auf Einlasskontrolle und Rückführung = Abschiebung setzt das neue EU-Konzept. Rückholflüge für Hunderttausende urlaubende Staatsbürger waren durchaus möglich, darauf ist man stolz, Migranten in überfüllten Gummibooten werden abgedrängt. Mit zweierlei, mit vielerlei Maß wird da gemessen, die großen Sprüche vom Leben retten klingen entsprechend hohl, wer glaubt die denn noch?

Zum gerade wieder neu befeuerten Thema Corona gibt es keine Ausweitung des Debattenraums, keine Streitkultur. Was im Frühjahr einmal gewirkt hat, die ständige Beschwörung der Bedrohungslage, soll auch jetzt wieder wirken. Die Zahl der positiv Getesteten – nicht der Erkrankten – ist in den letzten Tagen gestiegen, bei deutlicher Ausweitung der Tests, auch für Symptomlose, und bei minimaler Sterberate. Ständig ist die Rede davon, dass man nun „die Zügel wieder anziehen" müsse. Was steht denn da für eine autoritäre Gesinnung dahinter? Merkel, Lauterbach, Spahn, Söder etc. sehen uns Bürger also als Kutschpferde, die man strenger an die Kandare nehmen muss. Und kommen bei der großen Mehrheit immer noch gut an. Das ist erschütternd. Dagegen der tapfere Entwicklungsminister Müller am 23. 09.: „An den Folgen der Lockdowns werden weit mehr Menschen sterben als am Virus." Und schon im April warnte er – allein auf weiter Flur – vor weiteren Zoonose-Erregern infolge des missbräuchlichen Umgangs mit der Natur: „Diese Pandemie ist nicht die letzte."

Wie geht es weiter? Wir wissen es nicht. Was bleibt uns zu tun? Nur abwarten, beobachten, selber denken.

„… wird der Corona-Herbst folgen" – Lisa befasst sich, wie inzwischen auch der Mainstream, mit den Folgen, mit der – nahen – Zukunft. Dagegen ist auch Ana nicht immun. Ihre Reaktion: von Tag zu Tag, von Stunde zu Stunde leben! Eine Planung für die nächste Woche? Kann sein, kann nicht sein. Die Frage „Wann kommst du?" mit „Ich weiß es nicht" beantworten. In der nächsten Woche ist eine Freundin in Travemünde. Treffen? Vielleicht. Eine andere ist in Schwerin. Treffen? Vielleicht. In der letzten Woche wollte Ana in Berlin sein, aber die Tochter in Rostock bat um Hilfe, und spontan reiste sie nach Rostock. Das ist möglich, weil sie nicht plant. Was sich jetzt langsam ins Bewusstsein der Menschen frisst, die Nichtplanbarkeit, das Rechnen mit dem Unvorhersehbaren hat Ana schon längst zu ihrer Maxime gemacht: Lebe, als wüsstest du, dass dies deine letzte Minute ist – und bedenke dabei, dass das Leben noch lange dauern kann. Plane, als würdest du hundert Jahre alt, aber sei dir bewusst, dass alles Planen eitel ist.

Das sind Weisheiten, die ihr jetzt helfen, die beständigen Warnungen wie lästige Wespen im Spätsommer zwar nicht vollständig zu ignorieren und dennoch gelassen zu bleiben. Die Frustrationen bezüglich anderer ungelöster Fragen wie der Klimakrise oder der Flüchtlinge auf dem Mittelmeer widmet sie in etwa die gleiche Aufmerksamkeit. Allerdings fragt sie sich mehr als bei den Corona-Diskussionen, was sie zur Lösung beitragen kann. Eigentlich nur, um festzustellen, dass sie selbst Teil des Problems ist und keine Lösungen weiß. Eine larmoyante alte Frau will sie allerdings auch nicht sein. Lange genug sind die Probleme und Krisen in den afrikanischen und asiatischen Ländern bekannt. Wer glaubt, es gäbe einfache Lösungen für die aus diesen Ländern Flüchtenden, ist naiv. Es sind ja nicht nur ökonomische Interessen, sondern da sind auch noch die Clanmentalität und eine völlig andere Herangehensweise an ethische und religiöse Fragen. Wer da glaubt, man könne die deutsche oder europäische Politik irgendeinem Land überstülpen, der irrt gewaltig. Und soll Ana sich Asche auf das Haupt streuen, weil sie Teil einer Wohlstandsnation ist, weil sie ein Auto mit Verbrennungsmotor fährt? Soll sie ein schlechtes Gewissen haben, weil sie diesen Wohlstand genießt? Oder soll sie andere beständig rügen: Ihr tut etwas Böses? Was ist das für eine cancel culture, die sich zum Richter über alles aufschwingt, was nicht mit den eigenen Überzeugungen übereinstimmt? Die kein Gewissen mehr HAT, sondern Gewissen IST?

Die Gesellschaft dreht sich nicht rückwärts. Vielleicht kann man mit Gesetzen ein besseres Tierwohl schaffen. Vielleicht kann man mit Eingriffen vor Ort die Flucht aus manchen Ländern verhindern. Vielleicht kann man mit veränderten Begrifflichkeiten eine andere Wahrnehmung schaffen. Vielleicht kann man mit einem Impfstoff die Pandemie stoppen. Aber hinter diesem „man" stehen konkrete Menschen. Konkrete Politiker, konkrete Konsumenten, konkrete Manager, konkrete Journalisten, konkrete Ingenieure.

Hinter diesem „man" versteckt sich auch der/die Einzelne, versteckt sie selbst sich ja auch. „Erst wenn die Philosophen, die Fachleute in Politik und Wirtschaft zur Kenntnis nehmen, dass der Mensch zuerst und wesentlich ein *homo biologicus* ist – erst dann können/könnten sie die anstehenden Probleme vernünftig besprechen und so zu Lösungen kommen, die nicht auf den eigenen Vorteil bedacht sind." Ana hat nicht den Eindruck, dass das möglich wäre. Von Tag zu Tag. Von Stunde zu Stunde. Und die Freude am Sein nicht vergessen.

Lisa hat Wörter, die mit der Pandemie aufkamen, in einer langen Liste gesammelt. Diese Liste wird wohl einst das Narrativ dieses Jahres sein. So wie dieser Virologe Drosten von der Charité das Gesicht dieser Pandemie sein wird. Ana schüttelt traurig den Kopf, beides scheint ihr so jämmerlich. Aber freilich ist die gesamte Luft aufgeheizt. Sie ist selbst ja auch neurasthenisch. Sie möchte runterkommen. Aber wo ist unten? Das Virus breitet sich weiter nicht nur in der Gesellschaft aus, sondern sitzt in unseren Köpfen. Zersetzend!

Impfen, impfen, impfen

Impfangebot

Impfteam

Impftermin

Impfzentrum

Impfstraße

Impfstrategie   Impfkampagne

Impfreihenfolge   Impf-Priorisierung

Impf-Skeptiker   Impfgegner

Impfstoffhersteller

Impfstofflieferung

Impfchaos

Impf-Desaster

Impfschäden

Impfgroll

Impfstopp

Dreißig ist eine runde Zahl. Nehmen wir sie zum Anlass, den „Coronasommer" genannten Austausch zu beenden. Trump hat sich mit dem „Chinavirus" infiziert, klingt wie eine abschließende Pointe, Ironie des Schicksals – oder ist es eine Finte, wie manche glauben? So oder so – es ist egal. Zwischen Unmut und Gewöhnung plätschert der Alltag dahin. Mit neuen Heilsversprechen (flächendeckende Impfung, Digitalisierung aller Lebensbereiche) werden tiefe Krisen überdeckt. Wenige haben zu viel Macht, viele haben zu wenig zu essen. Die Zahl der Menschen steigt ständig weiter, obwohl die Ressourcen der Erde endlich sind.

Wir, die wir dies alles nicht beeinflussen können, suchen weiterhin nach der kleinen Nische, in der wir unser Restleben möglichst unbehelligt verbringen können. Wohl denen, die eine finden.

Coronaherbst und -winter

Ana: Die Ohnmacht ist groß

Mitte Dezember. Ana ist erneut ins Schwedenhaus geflüchtet. Es ist früher Morgen, die Weihnachtsbeleuchtung am Carport blinkt tröstlich in die Dunkelheit. Sie steht auf, lässt Wasser in den Kocher, brüht einen Tee, bald zieht der Geruch nach Zimt und winterlichen Kräutern durchs Haus. Ana fühlt sich hier sicher, obwohl die von Unsicherheit geschwängerte Atmosphäre allgegenwärtig ist, die Medien tragen sie um die Welt.

Sie hatte gewusst, dass die Pandemie so schnell nicht enden würde.

Aber mit der Heftigkeit, mit der SARS-CoV-2 sich Ende November weiter ausgebreitet hat, und den Folgen hatte sie nicht gerechnet. So viele Menschen auf den Intensivstationen – das wirkt bedrohlich, vor allem, weil immerzu betont wird, dass es an Pflegepersonal mangelt. Die Zahl der Toten steigt an, obwohl alles zur Rettung der Patienten getan wird. Keiner darf sterben. Das Credo von der Notwendigkeit der lebensverlängernden Maßnahmen steht weiterhin über allem. Wie sich die Wirtschaft entwickelt, spielt kaum eine Rolle: „Wir schaffen das!" Der Niedergang kultureller Einrichtungen? Hauptsache wir leben, egal wie. Weltweiter Ausnahmezustand.

Ana bemängelt die fehlende Transparenz. Über die psychosomatischen Folgeschäden der permanenten Drohungen wird geschwiegen. Die tauchen ja nicht sofort auf und vor allem nicht in der Statistik. Wer kann beweisen, dass der Sturz eines über Achtzigjährigen mit dem Stress durch das Virus zu tun hat? Dass Unkonzentriertheit zu einer falschen Tabletteneinnahme führte? Dass Anas alte Freundin – neunundachtzig Jahre alt – nur deshalb zweimal wegen Magenbeschwerden ins Krankenhaus musste, weil sie die Maßnahmen nicht mehr verstand und weil ihre Tochter und die verbliebenen Freundinnen sie nicht mehr besuchen durften? Und wie wirkt es auf Kinder, wenn sie hören, dies könnte das letzte Weihnachtsfest mit den Großeltern gewesen sein?

Warnungen, Drohungen, Appelle! Selbst der Bundespräsident wirbt für Abstand und Masken und verteidigt die Schließung der Einzelhandelsgeschäfte. Im Sommer hatten ganz viele Gaststätten, Hotels und Geschäfte sich umgestellt, hatten Investitionen getätigt für einen besseren Schutz vor zu großer Enge, die Gäste füllten Nachverfolgungszettel aus, und dann zeigte sich die Schwachstelle bei den Gesundheitsämtern, die mit den Nachverfolgungen überfordert waren und sind. In einigen dieser Ämter werden die Testergebnisse noch mit der Hand notiert und per Fax verschickt. Es gibt zwar längst eine Software, Schleswig-Holstein nutzt sie, aber nicht alle Ämter wissen überhaupt davon.

Auffällig viele Männer kommen zu Wort. Weiblich, wenn auch nicht sehr, ist die besorgte Bundeskanzlerin, die ihr in ihrer Hilflosigkeit noch mehr leid tut als alle anderen. Mutti will es doch so gut machen! Eine weitere weibliche Stimme kommt von der durch ihre Krebserkrankung übervorsichtige Manuela Schwesig aus Mecklenburg-Vorpommern. Manchmal wird eine Wissenschaftlerin um ihre Stellungnahme gebeten. Die Meinungsvielfalt in der Bevölkerung bildet sich in den öffentlichen Medien nicht ab. Nur von den Querdenkern, die gegen die Regierung protestieren, ist häufig die Rede. Ana schwankt zwischen dem Lachen über die Auftritte der Politiker und ihrer Wut über deren Unfähigkeit zuzugeben, dass sie ebenfalls ohnmächtig sind. Dazu kommt noch, dass nach der Überwindung der Krise, wenn die Zahl der Infizierten zurückgeht, wenn es keine Toten mehr gibt, alles weitergehen soll wie bisher. Dann wird die Wirtschaft wieder hochgefahren und die Ausbeutung der Ressourcen geht weiter. Die Massentierhaltung ist im Gespräch, Verbote sind bisher nicht geplant. Die Möglichkeit, großzügig umzusteuern, wird nicht genutzt werden: Keine Beschränkung der gefahrenen Kilometer, der spritschluckenden Autos, der Flüge, der Einfuhr von Fleisch aus Brasilien, des Exports von Schweinefleisch nach China.

Nur einige ausgewählte Virologen wie Drosten, Kekulé, Streek dürfen ihre Ansichten verbreiten. Die Wissenschaftler sind sich nicht einig, greifen sich im Netz gegenseitig an, und viel ist von „glauben" die Rede. Kekulé kritisiert den Lockdown: Er wäre vermeidbar gewesen, wenn man gleich im Frühjahr nach Bekanntwerden der chinesischen und italienischen Entwicklung eine langfristige Strategie ausgearbeitet hätte. Die Herren haben inzwischen ihre eigenen Blogs, produzieren YouTube-Filme oder sind auf Twitter aktiv, jeder hat seine treuen Anhänger. Viele alte Leute bekommen die Meinungen nicht mit, weil sie nicht in den sozialen Medien unterwegs sind. Sie sehen die Talkshows, bei denen, offen oder versteckt, die Meinung des Moderators oder der Moderatorin den Verlauf bestimmt.

Dabei weiß man im Moment gar nichts wirklich genau: Weder, ob die unter 14-Jährigen das Virus verbreiten, noch ob und wie viele Leute gefährdet sind, wenn man sich draußen trifft und Abstand hält. Man weiß nicht, ob die Kids besonders leichtfertig sind, ob sie direkt nach dem Treffen auf dem Schulhof – das entfällt seit dem 16.12. – zu Oma und Opa gehen. Ana versteht nicht, warum bei der Regel „maximal fünf Personen aus zwei Haushalten" die Kinder bis vierzehn Jahre nicht mitgezählt werden. Entwicklungspsychologie hat bei dieser Festlegung bestimmt keine Rolle gespielt.

Ana hält sich an die Empfehlungen, trägt in Berlin eine FFP2-Maske, meidet Orte, an denen viele Menschen sind, wäscht sich häufig die Hände. Sie fährt aber weiterhin mit öffentlichen Verkehrsmitteln und freut sich, dass fast alle Menschen geduldig ihren Mund-Nasenschutz korrekt tragen. Wir Alten – Ana wird im Februar achtzig – sind im Fokus. Uns will man durch Isolation schützen. Schönen Dank aber auch, hatte sie gedacht, hatte Ruhe und Schutz im schwedischen Wald gefunden. Aber auch hier, im bevölkerungsarmen Värmland, waren mehrere Infizierte und Todesfälle zu beklagen. In Schweden hatte man gedacht, mit wenigen Regeln und den Appellen an die Selbstverantwortung der Bürger käme man durch die Krise. Nun zeigt sich, dass auch diese Strategie nicht aufging; es gibt strengere Gebote, es wird zu einer Maske geraten. Und in England tauchen Mutationen auf.

Ein Impfstoff soll Entspannung bringen. Muss die Frage, wer zuerst geimpft wird, im Parlament verhandelt werden? 75 Prozent der Todesfälle betreffen Menschen in Heimen. Daraus ergibt sich zwangsläufig, wer zuerst geimpft werden muss: das Pflegepersonal und die alten Menschen. Oder besser zuerst die Pfleger und Ärzte, dann die isolierten Alten? Auch das ist nicht meine Baustelle, denkt Ana und macht sich einen weiteren Tee.

Trotz ihrer klagenden Beobachtungen fühlt sie sich in der Einsamkeit heiter, leicht und frei und freut sich, dass es nun täglich wieder heller wird.

Infodemie

Wirrologen

pandemüde

Lisa: Wir sind alle so müde

Vor Wochen endete unser Corona-Sommer. Die Pause war nötig. Ermüdung, Überdruss und das Gefühl, dass es sich totläuft, dass das Virus, dass der ganze Spuk nun allmählich verschwindet. Falsch gedacht, die Warner vor der zweiten Welle haben Recht behalten. Nun haben wir Anfang November, ein „Wellenbrecher-Lockdown light" wurde verhängt und vielleicht wird ein Lockdown hard oder heavy daraus oder ein Salami-Lockdown: ein paar Wochen zu, ein bisschen wieder auf, wieder zu, auf... Die Zumutungen reißen nicht ab, die Wüste wächst, hier das kulturell verödete Land – dort die Exekutive mit ihrem Machtgerangel und ihrem bevormundenden Kleinklein – sie warnen, locken, drohen, strafen, wie gehabt.

Verödung auch in den Köpfen. „Treffen Sie niemanden!" ruft der Kanzler Kurz den Österreichern zu, „Jeder Kontakt ist einer zu viel." „Schränken Sie Ihre Kontakte weiter ein", echot die Kanzlerin Merkel. So führen wir nun unser Monadendasein. Wenige protestieren und werden niedergemacht, die falschen Freunde sind ihnen zugelaufen, wer kann/will da noch differenzieren? Viele erfüllen und übererfüllen eifrig die Vorgaben der Oberen, der Rest trottet mit. Ich setze ja auch brav meine Maske auf, wenn ich den Bus oder das Geschäft betrete, will ja glauben, dass sie mich und andere schützt, will nicht ausgeschimpft werden als potenzielle Mörderin vulnerabler Gruppen.

Ende November: Jetzt gibt es Mund-Nasen-Bedeckungen mit weihnachtlichen Motiven: Päckchen, Glöckchen, Füchslein, Schneemänner, Tannenbäume, sie werden reißend Absatz finden. Weihnachten soll uns ins Gesicht geschrieben sein, an Weihnachten sollen wir „unsere Lieben" wieder treffen können. Aber nur, wenn wir bis dahin brav sind, versteht sich. Diese Rübe wird dem Bürger, dem Esel, vor die Nase gehalten, und wenn er danach schnappen will, wird sie ein wenig weiter weggerückt, Knecht Ruprecht in Gestalt des Kanzleramtsministers holt den Knüppel aus dem Sack und das Christkind in Gestalt einer Pastorentochter formt die Hände zur Raute und segnet ihn. In den Wetteifer um die Verschärfung und Verlängerung der Maßnahmen mischt sich der Machtkampf um den CDU-Vorsitz, das Streben der Grünen um Regierungsbeteiligung, das vergebliche Strampeln der Linken um Beachtung. Die Leerstelle der fehlenden Opposition wird frech und opportunistisch von der AfD besetzt.

Abgehoben von jeglicher Lebensrealität sie alle, die da eifrig Krieg führen (Macron: „Nous sommes en guerre") gegen einen Winzling von Virus. Angsterfüllt dümpeln die Leute vor sich hin, das optimistische Grinsen der privilegierten Entschleunigten, die beteuern, die Vorzüge der Situation zu genießen, wird immer unglaubwürdiger und kann den viel beschworenen „Zusammenhalt der Gesellschaft" kaum noch simulieren. Da müssen wieder mehr Horrorszenarien her, Fallgeschichten über schwerste Verläufe, verpixelte Bilder von drei, vier, gar sieben Monaten an

Beatmungsmaschinen gewaltsam am Leben Gehaltenen, nicht bezifferbare Folgeschäden. Das verleugnete Motiv hinter alledem: Macht ausüben über die Körper der Menschen, Macht ausüben wollen über den Tod.

Dünnhäutig werden die Menschen, üben sich im Verdrängen, wollen das Positive sehen. Ein bisschen Galgenhumor könnte nicht schaden, allerdings verhallen die Versuche, das alles wegzulachen, schnell in einsamen Zimmern. Wer vorher schon die Augen nicht verschließen konnte vor dem perversen Tun und Trachten der Menschen, hat diese Pandemie nicht gebraucht, um zu wissen, wohin das neoliberale Boot segelt. Das Positive? Vielleicht merkt der eine oder die andere, die das kaum je interessiert hat, nun endlich, woran so vieles krankt, jenseits der europäischen Grenzen noch viel mehr als innerhalb.

Geheimnisvolles Getue um die Schnelltests, die es ja jetzt gibt, zu denen aber kaum jemand Zugang hat. Wieso eigentlich? Ist das eine Kostenfrage? Halten die Hersteller der PCR-Tests da die Hand drauf? All das ist ja ein Riesengeschäft, wir Adressaten der Maßnahmen blicken da nicht durch. Und nun der Hype um den Impfstoff – wer hat ihn zuerst, wer muss warten, sich gedulden bis zuletzt? Milliarden Dosen sind herzustellen, zu verkaufen, zu verteilen, zu verabreichen. Dabei weiß keiner, wie lange diese Impfung dann wirkt, wie oft sie wiederholt werden muss.

Mitte Dezember: Und sehet, ich verkündige euch jetzt einen harten Lockdown, denn der leichte hat nichts gebracht, die Infiziertenzahlen sind weiter auf

zu hohem Niveau. Da Weihnachten naht, mit komplizierten Ausnahmeregeln (warum eigentlich?) zu diversen Hausständen und   Verwandtschaftsgraden,
kommt Jesus ins Spiel. Der hätte die Oma nicht besucht, wird den kaum noch religiösen Feierlustigen
suggeriert, obwohl die Evangelien ganz andere Szenen schildern. Schiefer Vergleich, schamlose Vereinnahmung – wirkt aber. Die den Lockdown vorbereitenden Appelle nennt selbst ein konservativer Kolumnist „eisig und autoritär", die Moralkeule, die
dazu geschwungen wird, finde ich widerlich: „Möchten Sie, dass es das letzte Weihnachten der Oma sein
wird, möchten Sie daran schuld sein?" Und jetzt aber
Schluss mit lustig und am Montag vorm Lockdown
keine Pullover mehr kaufen gehen, mahnt Michael
Müller, auch daran kann die Oma sterben. Überhaupt,
wie kommen sie dazu, ältere Leute als „Oma" und
„Opa" zu bezeichnen, als würden sie mit kleinen Kindern reden?

Wir geben also ein Quantum Bürokratie, billige religiöse Klischees, wohlfeile Schuldvorwürfe und eine
gute Prise Verachtung in den Topf, rühren gut durch
und gießen den Mix über alle Kanäle den Bürgern
über die Köpfe, statt vor der eigenen Tür zu kehren,
denn es ist ja vieles schief gelaufen. Ausgerechnet am
Dienstag vor dem Lockdown kommen die drei allzu
lange zurückgehaltenen Gratismasken in die Apotheken und alle Alten und Risikobehafteten strömen
gleichzeitig dort hin und stehen Schlange, um sie
abzuholen. Interessantes Timing.

Die Heime, oh je! Die Heime sind nun Hotspots! Abgesehen davon, dass man sie monatelang nicht ausreichend mit Schutzmaterial und Personal versorgt hat: Es sterben doch alle Heimbewohner seit jeher im Heim, nur an diesem Virus sollen sie nicht sterben. Andererseits, auch das passt in diesen Kontext: Ein Professor Henn, Mitglied des Ethikrats, fordert in einem Interview, dass Impfgegner schriftlich erklären sollten, im Falle einer Covid-19-Erkrankung auf intensivmedizinische Behandlung zu verzichten. Die „Covidioten" sollen also sterben? Tja, auch die Ethik treibt seltsame Blüten heutzutage.

Ende Dezember: Der Impfstoff kommt, er kommt tatsächlich! Vorher allerdings gibt es ein Hauen und Stechen – bisher nur verbal – um die zu geringe Bestellmenge und die Rangfolge der „Impflinge". Die einen wollen unbedingt als erste drankommen, die anderen auf keinen Fall. Wird die Impfung auch vor dem mutierten Virus schützen? Auch das weiß man nicht.

Es ist noch lange nicht zu Ende. Und wir sind alle müde, so müde.

Rök und Berlin, 31. Dezember 2020

wütend + müde =

mütend

Ein Märchen zum Jahreswechsel

Es war einmal eine Königin, die sorgte sich sehr um das Wohlergehen ihrer Untertanen. Als abzusehen war, dass die Seuche, die das Land erfasst hatte, noch lange andauern würde, trug sie ihnen auf, eifrig Hygienekonzepte zu erstellen, was dann auch geschah. Die Gaststättenbetreiber ermunterte sie, die Tische auseinanderzurücken, Trennwände einzubauen, hochwertige Lüftungsanlagen anzuschaffen und auch draußen für wohlige Wärme zu sorgen durch die Bereitstellung von Kissen und Decken, denn der Winter sei erfahrungsgemäß hart und lang. Den Kinos, Theatern, Konzerthäusern und weiteren Freizeiteinrichtungen, wie sie es nannte, legte sie ähnliche Investitionen ans Herz und alle planten und werkelten Tag und Nacht zum Wohle der Besucher und zur Zufriedenheit ihrer Königin.

Schließlich bat sie die für den Bildungsbereich Zuständigen darum, die Schulen nah und fern mit ausreichend Frischluft, Mützen, Schals und Decken auszustatten, und gab ihnen den guten Rat mit auf den Weg, durch gelegentliches Händeklatschen und Kniebeugen für Wärme zu sorgen, zum Wohle der jungen Generation. Auch sei es an der Zeit, endlich die einhundert von ihrem Schatzmeister zur Verfügung gestellten Tablets zu verteilen, damit auch den bildungsfernen Kindern im Lande der Segen des digitalen Lernens zuteil werde.

Sie hatte sich also wirklich Gedanken gemacht und alle legten sich mächtig ins Zeug. Als sie aber damit fertig waren, die Lüftungsanlagen angeschafft, die Trennwände eingebaut, die Decken und Tablets verteilt waren, da rief die Königin: Stop! Wir schließen jetzt alle diese unnützen, zum Überleben nicht notwendigen Einrichtungen, und zwar auf unbestimmte Zeit. Huch, da waren die Leute aber erst mal enttäuscht. Zwar murrten einige, doch die meisten sahen ein, dass ihre Bemühungen nicht ausgereicht hatten, und schluckten ihren Ärger tapfer hinunter.

Dafür dankte ihnen die Königin dann am letzten Tag des Jahres. In einem festlichen goldenen Gewand trat sie vor ihre Untertanen hin und wünschte ihnen und ihren Familien von Herzen Gesundheit, Zuversicht und Gottes Segen für das neue Jahr 2021.

Einen Trost hatte sie auch mit im Gepäck: Bereits im Januar könne vielleicht damit begonnen werden, die Novemberhilfen auszuzahlen, auf die viele so dringend warteten. Ein wenig Geduld würde man ja wohl noch aufbringen können, rügte sie sogleich, es liege nun an allen, die Lage sei ernst, der Winter hart und lang, dieses Virus verstehe eben keinen Spaß. Das sahen die um Spaß, Einkommen und Bildung Gebrachten schließlich ein und applaudierten, wenn auch sehr verhalten.

Und wenn sie nicht gestorben sind…

Zeitsprung: März 2021

Ana: Noch immer Corona

Ana blinzelt durch das Fenster nach Westen, ein paar Sterne funkeln, der Morgen graut bereits. Vier Uhr fünfzig ist zu früh! Zu früh für Alles! Sie öffnet das Hörbuch „Für immer die Alpen" von Benjamin Quaderer, vielleicht kann sie mit der Stimme Johann von Bülows am Ohr noch einmal einschlafen.

Im März 2020 war sie ins Vogelgezwitscher in der schwedischen Einsamkeit geflohen. Inzwischen übertönt die schräge Melodie der Pandemie alles andere, dringt auch in ihre Abgeschiedenheit, bedroht auch die schwedische Gelassenheit.

Einige Wissenschaftler behaupten, man könne das Virus zum Aussterben bringen.

Einigen Menschen gehen die Maßnahmen der Regierungen nicht weit genug.

Einige Menschen leugnen die Gefahr des Virus.

Wir sind um etliche lustige, satirische, zynische Videos und Karikaturen reicher.

Wir erhoffen uns eine „neue" Normalität durch Früherkennung der Infektionen, durch Tests und geimpfte Immunität.

Um sechs ist es schon hell, schönes Wetter kündigt sich an. Ana macht sich eine Kanne Tee, füllt Futter in die Gefäße für die Tiere, setzt sich mit der Tasse am Terrasseneingang in die Sonne, beobachtet die Eichhörnchen und die Meisen, die sich auf Erdnüsse und Sonnenblumenkerne stürzen. Hat das Leben einen Sinn? Leben ist Stoffwechsel, Geburt, Tod – dazwischen Feste im Lebenslauf und Feste im Jahreslauf. Und genau diese Feste im Lebens- und Jahreslauf sind durch die Pandemie eingeschränkt bis weggefallen, sie seufzt.

Im März 2020 erfolgte der erste Lockdown. Ein Jahr später, etliche Tote mehr – weltweit sind es mehr als 2,6 Millionen – ist die kulturelle Stagnation kaum noch zu ertragen. Ana hört Nachrichten, hält Kontakte über die sozialen Medien und erklärt dem Wald ihre Wut. Im Radio verkündet eine Stimme mit vorwurfsvollem Unterton die Zahl der Toten, die jetzt an Hunger und Unterernährung sterben. Ana denkt an die tickende Uhr am Hackeschen Markt, die anzeigt, dass weltweit alle 20 Sekunden ein Mensch an Hunger stirbt, das waren schon vor der Pandemie 1,5 Millionen im Jahr. Diese Toten sind ebenso aus dem Blick geraten wie die unter den andauernden Konflikten in Syrien, Afghanistan, Jemen und vielen Regionen Afrikas leidenden Menschen.

Vorwurfsvoll erläutert der Nachrichtensprecher, dass der Impfstoff weltweit ungleich verteilt wird. Stimmt, denkt Ana und stellt sich vor, unsere Kanzlerin und der französische Ministerpräsident – noch besser die europäische Kommissionsvorsitzende – würden sich vor die Kameras stellen und verkünden:

„Hier in Europa werden nur die Pflegekräfte und Lehrkräfte geimpft, damit der Impfstoff gleichmäßig über alle Länder verteilt werden kann. Erst wenn ausreichend Impfstoff vorhanden ist, können auch die anderen Menschen hier bei uns geimpft werden." Ob es dann einen Aufstand gäbe?

Eine Welle folgte wie beim Meer auf die nächste, Schulschließungen, Schulöffnungen, Hygienekonzepte, Impfen, Testen, Hände waschen: eine Litanei in Dauerschleife, kein Ende abzusehen.

Und noch ein Gedankenspiel: Wenn man ein Mittel für ein sanftes Einschlafen und Hinübergleiten in den Tod freigeben würde: Wie viele Menschen würden davon Gebrauch machen? Es ist fraglich, ob es alte und kranke Menschen gibt, die mit dem Gedanken: „Lieber ein Ende mit Schrecken als ein Schrecken ohne Ende" zu dieser finalen Lösung greifen würden. Wahrscheinlich würde der Wunsch, am Leben zu bleiben, die Herausforderung gewinnen.

Ana zieht die Stiefel an, wandert ihre Lieblingsrunde über Sörby und Knobberud zum See. Alle Häuser stehen vereinsamt, die Gardinen sind zugezogen, die Jalousien heruntergelassen, die Fensterläden geschlossen. Die Briefkästen bleiben leer. Die Besitzer der Ferien- und Wochenendhäuser kommen aus Norwegen, Deutschland, den Niederlanden – alle folgen den Aufforderungen, zuhause zu bleiben. Ana hat es mit dem Pendeln zwischen Schweden und Deutschland bisher gut hinbekommen, nur manchmal greift der graue Geist der Melancholie ans Herz. Sie geht zügig ihren Weg, kommt zurück, bereitet sich einen heißen Kakao, setzt sich an den Laptop und schreibt über ihre Befindlichkeit im Hier und Jetzt.

Auch wenn sie weitgehend im Wald sein und im neuen Frühjahr den Meisen und Eichhörnchen bei ihrer Balz zuschauen kann, fühlt sie sich ohnmächtig den Verordnungen ausgeliefert.

Die Widersprüche bleiben verwirrend.

Lisa: Was sonst noch geschah

Das zweite Coronajahr hat begonnen. Und so schleppen sie sich dahin, diese eintönigen Lockdown-Tage, und wir uns mit ihnen. Des ewig gleichen Themas müde haben Ana und ich unseren Austausch im Winter nicht fortgesetzt.

Ein Jahr Pandemie! Alles hätte ich letzten März darauf verwettet, dass dieser Spuk niemals ein ganzes Jahr andauern würde, wie manche schon damals behaupteten. Alles hätte ich verloren! Und es geht weiter, die dritte Welle rollt heran, vorerst wird es keine weiteren „Öffnungen" geben, eher noch mehr „Zumutungen". Die unendliche Geduld, welche die meisten Leute immer noch aufbringen, obwohl es innen drin rumort, ist erstaunlich. Ich weiß nicht, ob ich das gut oder bedenklich finden soll, mich selber eingeschlossen. Vermutlich ist es unterschiedlich zu bewerten, je nach der Motivation, die dahintersteht: gut, wenn es auf so etwas wie Charakterstärke oder ironische Distanz hindeutet; schlecht, wenn es auf achselzuckendem Mir-doch-egal oder naivem Gehorsam gründet – wobei beides auch gemischt vorkommen kann innerhalb einer Person.

Nein, keine Details mehr zu persönlichen Befindlichkeiten. Ich bin, trotz allem, stabil geblieben, nicht zuletzt dank meiner Katzen und einem gewissen Galgenhumor. Hier folgt nur noch ein kurzer Blick auf die Eindrücke der letzten Monate, so wie ich sie wahrgenommen habe. Meine größte Sorge ist weiterhin die um den Abbau unserer Grundrechte. Ich habe keine Funktion, keine gesellschaftliche Aufgabe, kann nichts ändern, nur beobachten – aber auch solche muss es doch geben!

Wie sieht es also heute aus, nach der frohen Botschaft im Dezember, dass nun der Impfstoff kommt und im Impfstoff die Erlösung liegt? Aus weiter (innerlicher) Ferne blicke ich auf das "Impfgeschehen". Erst der Hype, der Stolz: So schnell kommen die rettenden Vakzine, die erste sogar aus Deutschland stammend, hurra! Allerdings gibt es viele Impfskeptiker im Land – wie kann man die umstimmen? Die Regierenden optieren für einen besonders langwierigen bürokratischen Prozess. Aber ach, so schnell wie erhofft kamen die Impfdosen dann doch nicht, Impfgegner egal, jetzt müssen zuerst mal die Erwartungen der vielen Impfwilligen gebremst werden. Am besten wiederum durch überbordende Bürokratie. Also zurren wir die Priorisierung fest und machen die Terminbuchungen kompliziert. Streit kommt trotzdem sofort auf, der ewige Futterneid halt.

Im Schneckentempo geht es los, es hakt, es stockt. Das Volk hat wieder mal zu viel erwartet, es soll sich gedulden, AstraZeneca wird bald viele Dosen liefern, das sei ein super Impfstoff, nur nicht für Ältere. Aber stop! Blutgerinnsel im Gehirn sind aufgetreten, mehrere Todesfälle bei Jüngeren nach der Impfung. Kausalität oder Koinzidenz? Man weiß es nicht. Also lieber nicht impfen als falsch impfen? Ich kann es nicht beurteilen und bin ja auch noch gar nicht dran.

Der Irrsinn geht ungebrochen weiter. Immer wenn die Akzeptanz für die Maßnahmen erlahmt, wird ein neuer Angst-Trigger aus dem Hut gezogen: Wieder eine neue Mutante! Mehr Todesfälle! Langzeitschäden! Es kracht und ächzt und stöhnt im vielstöckigen Gebäude der Gesellschaft. Wie es immer so ist, leiden die unten mehr als die oben, an der Krankheit und an den Maßnahmen, die sie verhindern sollen. Die Medien befeuern weiterhin ihr Monothema, illustrieren es monoman mit den ewig gleichen Bildern von Intensivbetten, Impfstoffffläschchen, Kanülen und nackten Oberarmen.

Das Kaninchen starrt auf die Schlange. Die Politiker, Wissenschaftler, Journalisten und mit ihnen die Wähler, Leser, Zuschauer starren seit einem Jahr auf die Inzidenzwerte PCR-bestätigter Infektionen. Die Welt des Kaninchens ist geschrumpft, es sieht nur die Schlange, hat Angst vor dem Tod: Corona-Tunnelblick. Der Debattenraum ist eng geworden. Gegenstimmen werden nicht gehört, Protestierende vehement diffamiert. Konformitätsdruck, Bevormundung, Kontrolle, Vereinzelung. Kontaktlos sollen wir bezahlen, Urlaub machen, sollen die Kinder spielen, die Schüler lernen. Kontaktlos sollen wir leben.

Die Volksvertreter in den Parlamenten haben ihre Befugnisse weitgehend an die Exekutive abgegeben. Korrupte Mandatsträger haben durch Vermittlung von Maskendeals hohe Summen eingesackt, zudem mischt beim „Pandemiemanagement" längst schon der Wahlkampf mit. Die Unzufriedenheit wächst, endlich melden sich mehr kritische Stimmen zu Wort. Von Politikversagen ist die Rede, vom hilflosen, planlosen, konfusen Schlingerkurs. Um vom eigenen Versagen beim Beschaffen von Schutzausrüstung, beim Impfen und Testen abzulenken, werden in bürokratischer Regelungswut immer kleinteiligere, realitätsfernere Bestimmungen erlassen, sodass auch der bereitwilligste Bürger nicht mehr durchblickt.

Den Kindern, Jugendlichen und Auszubildenden ist ihr Recht auf Bildung ein Jahr lang fast ganz genommen worden. Die Künstler haben sich fast völlig zurückgezogen und auf digitale Angebote verlegt, die sind zwar gut gemeint, aber ein schlechter Ersatz für kulturelles Leben. Öde Monokultur nicht nur auf den Feldern, sondern auch in den Köpfen. Als relevant gilt nur, was gezählt, vermessen, verglichen, genormt, in Kurven und Balkendiagrammen dargestellt werden kann.

Diese Entwicklung ist nicht neu, sie ist seit einigen Jahrzehnten im Gang, die Maßnahmen gegen die Pandemie, gepaart mit Umverteilung nach oben und Kontrollwahn nach unten, haben den neoliberalen Prozess allerdings rasant beschleunigt. Die Verunsicherung auf allen Ebenen fokussiert sich aktuell auf die Pandemie. Aus den Augen gerät, was sonst noch auf der Welt geschieht:

Der Krieg in Syrien geht ins elfte Jahr.

Die Kalte-Kriegs-Rhetorik gegen Russland wird aggressiver, Biden nennt Putin einen Mörder.

Die Bundeswehr soll bewaffnete Kampfdrohnen bekommen.

Die deutschen Rüstungsexporte sind 2020 um 4,21 Prozent gestiegen, damit belegt Deutschland Platz vier der größten Rüstungsexporteure.

Geflüchtete kampieren im Matsch vor den gut geschützten europäischen Außengrenzen, hungern in unsäglichen Lagern, immer mehr Push-backs werden bekannt.

In Myanmar hat eine Militärjunta die Macht übernommen, foltert und tötet Demonstranten.

Julian Assange sitzt immer noch im britischen Gefängnis.

Die Vermögen der Superreichen haben weiter massiv zugenommen, Amazon, PayPal, Social-Media-Plattformen, DHL, Lidl, Autokonzerne, Pharmariesen etc. bauen ihre Macht weiter aus.

Der Dax bricht alle Rekorde und erreicht sein All-zeit-Hoch.

…

Ostern 2021: Draußen vor dem Fenster recken die Krokusse, Tulpen und Narzissen ihre Blüten ins Frühlingslicht, die Bäume entfalten ihre ersten frischgrünen Blätter so wie jedes Jahr, Pandemie hin oder her. Die Vögel brüten ihre Jungen aus wie eh und je. Unser Kummer kümmert sie nicht. Erfreuen wir uns an ihnen!

Die Autorinnen

Hannelore Besser, geboren 1941 in Lübeck, hat nach Lehramts- und Pädagogik-Studium als Schulleiterin im In- und Ausland gearbeitet, Fortbildungen geleitet und Entwicklungsprojekte begleitet. Sie lebt abwechselnd in Schweden und Berlin.

Von ihr ist bei BoD erschienen:

Fünfzig Jahre Pubertät – Meine Erfahrungen mit mir und Jugendlichen, 2017, ISBN: 9873746048826

Einsatz in Bolivien – Als Seniorexpertin unterwegs, 2020, ISBN: 9783751921053

Ruth Lisa Knapp, geboren 1947 in der Pfalz, war nach dem Studium der Literaturwissenschaft, Germanistik und Anglistik als Lehrerin und Lerntherapeutin tätig, später als freie Lektorin und Autorin. Sie lebt in Berlin.

Von ihr ist bei BoD erschienen:

Menschen Tiere Irritationen – Storys, 2018
ISBN: 978-3-743104044